叙利亚战争
俄军作战行动研究

刘万义　刘占岭　主编

中国原子能出版社

图书在版编目（CIP）数据

叙利亚战争俄军作战行动研究 / 刘万义，刘占岭主编．
—北京：中国原子能出版社，2021.5（2023.1重印）

ISBN 978-7-5221-1413-2

Ⅰ.①叙…　Ⅱ.①刘…　②刘…　Ⅲ.①战争-中东问题-研究-叙利亚
②作战行动-研究-俄罗斯　Ⅳ.①K376.52　②E83

中国版本图书馆 CIP 数据核字（2021）第 106923 号

叙利亚战争俄军作战行动研究

出版发行	中国原子能出版社 （ 北京市海淀区阜成路 43 号　100048 ）
责任编辑	蒋焱兰
责任印制	赵　明
印　　刷	河北宝昌佳彩印刷有限公司
经　　销	全国新华书店
开　　本	787 mm×960 mm　1/16
印　　张	11.5
字　　数	130 千字
版　　次	2021 年 5 月第 1 版　　　　2023 年 1 月第 2 次印刷
书　　号	ISBN 978-7-5221-1413-2
定　　价	68.00 元

前　言

俄罗斯在叙利亚进行的军事行动，是苏联解体以来首次远离本土实施的战争行动，其成效显著，影响深远。在这次军事行动中，俄军全面展示了"新面貌"改革以来的建设成效，充分体现了保障对战争的重要作用。

俄罗斯军队自组建以来一直在推进各层次的改革，目的是建设一支能在现代化条件下保障国家安全的军队，而建设功能强大、技术先进、机动性强的后勤保障体系是其改革的重要内容。为实现建设强大高效后勤的目标，俄军在后勤与装备保障方面进行了系统深刻的变革，并不断结合实战进行检验和完善，进而建设符合未来战争需求的后装保障体系。

俄罗斯在叙利亚作战行动的成功，是俄罗斯后装保障建设成就在实战中的又一次有效验证。分析研究俄军在此次军事行动中的经验及特点，对于加快我军保障理论模式创新、保障体系重塑转型、拓展深化军事斗争准备，具有十分重要的现实意义。

笔　者

二〇二〇年十月

编委会成员名单

目　　录

叙利亚战争是俄罗斯与中东关系的重要历史转折点。俄出兵叙利亚保障和维护了俄在中东的利益，扩大了俄在中东的存在，提升了俄在地区事务中的话语权，重塑了俄作为全球性大国的形象。叙利亚战争已然成为人们审视现代战争的窗口。在这场战争中，对俄罗斯军队而言，既有新的作战理论和作战方式的创新，也有新的武器装备及作战手段的成功应用，更有后装保障新的模式和成效的展现，就连俄罗斯的主要竞争对手也对其后装保障效果给予了高度评价。

1 叙利亚战争俄军作战样式分析

作战样式决定保障模式，研究保障必先研究作战。在研究俄罗斯后装保障行动特点时，有必要对俄罗斯在叙利亚军事行动的情况进行分析，尤其是在这场军事行动中运用的与以往不同的作战样式。叙利亚军事行动俄军在充分发挥传统军事艺术优势的基础上，结合现代战争特点形成一整套具有显著时代特色的有效战法，取得了良好效果。

1.1 "混合战"运用成功

俄军在叙军事行动，积极尝试"混合战争"理论，通过综合运用政治、经济、外交、舆论、心理等非军事手段，结合实施最低限度的武力打击，以较低战争成本达成政治目的，取得了非常好的效果。这种作战样式被称为"格拉西莫夫"战法，这是 2013 年俄军总参谋长格拉西莫夫首次提出的混合战争理论的发展运用。他曾指出，未来战争将或多或少都具有混合的色彩。俄罗斯要学习使用一种军事、科技、媒体、政治和情报策略多管齐下的"21 世纪闪电战"，用最少的成本打乱敌人的阵脚。格拉西莫夫表示，未来战争中非军事手段和军事手段所占比例可能是 4：1，前者包括造成不利政治和社会局面的手段，比如颠覆、刺探、宣传和网络攻击等。"混合方式可以暗中使用武力，没有混合方式的传统军事行动将不复存在。"这是俄军高层对混合战争的深刻理解，代表了俄军未来战略战术发展的大方向。

2005 年，美国海军中将詹姆斯·马蒂斯和军事学者弗兰克·霍夫曼在美国《海军杂志》上撰文，提出"混合战争"的理论。2007 年，霍夫曼撰写的《21 世纪冲突：混合战争的兴起》一书，对"混合战争"进行了系统探讨。他认为现代战争的形态正在发生变化，即从传统的"大规模正规战争"或"小规模的非正规战争"，向界限更加模糊、作战样式更为融合的形态发展。"混合战争"是一种应对多种威胁包括常规和非常规作战的全新战争形态，表现为作战对手复杂多样、作战力量一体化、作战样式高度整合等。由于"混合战争"的表现形态多样而复杂，作战行动新奇而模糊，需要统筹国家战略资源和手段，采取综合措施才能有效应对。

叙利亚战争是俄军"混合战争"的一个最新实例。这场战争的特点，首先仍然是一个大国和叙利亚反对派武装组织和恐怖组织（ISIS）之间的战争；其次，俄军动用了许多传统的武器和先进的信息支援手段；最后，俄军的快进快撤，以最小的经济代价和人员伤亡，达到了俄军预期的战略目标。尽管叙利亚较克里米亚的情况更为复杂，俄罗斯面对的阻力也更大、更复杂，但纵观俄罗斯军事介入叙利亚战场的全过程，混合战的优势得以充分发挥，战争成本也尽可能地被降低，现代战争趋势得以展现。

在行动征兆期，俄罗斯以轻捷灵活的手段进行多维活动，在政治上做了充分的准备，让后期军事行动计划的施行娴熟，迅速达到预期目的。俄罗斯首先用"政治上的积极"掩护军事调动。俄罗斯高层展开密集的国家、军事外交活动，在多边协调和双边磋商中谋求利益共同点，总统普京还亲自出面，通过坚决否认、有限承认等表态，成功迷惑了美国及北约的情报信息判断，造成对手决策迟滞，最后以大规模军演为掩护，迅速完成军力部署并迅即展开密集空袭行动。其次，高层积极斡旋，争取关键方理解。为避免敌对伊斯兰教派的阻挠与指责，战前俄总统亲自出席莫斯科大清真寺落成典礼。而针对 2015 年 8 月在巴格达发生的恐怖袭击事件，普京给予强烈谴责，并表示俄罗斯随时准备对伊拉克政府打击恐怖主义的行动给予支持。不久之后，伊拉克政府决定与俄罗斯、伊朗、叙利亚在巴格达建立反恐情报信息中心，共同分享有关"伊斯兰国"的情报。在空袭叙利亚"伊斯兰国"目标前，普京还与伊朗和伊拉克的领导人进行了沟通。此外，伊朗、埃及等国也对俄罗斯出兵打击"伊斯兰国"持欢迎态度，就是叙利亚反对派和库尔德民主联盟党也声明表示欢迎，后者甚至还希望与俄进行军事合作。至此，伊朗的支持使俄军通过伊境顺利向叙境内集结作战物资，为空袭行动赢得了时间和空间。最后，军方出力，示伪存真，掩护出兵。2015 年 9 月 16 日，俄军第一副总参谋长波格丹诺夫斯基上将还公开表示，俄军没有在叙建空军基地的计划。28 日，俄总统公开表明，俄未计划参加叙军事行动。实际上，此前俄已借高调军援叙利亚之机，暗度陈仓，完成了入叙兵力兵器的调动。到 2015 年 9 月 30 日，俄罗斯基本完成了军事部署。

在战争初期，多元力量抢占道义高地。长期以来，俄罗斯国家和军队形象的塑造和传播都受制于西方对话语权的垄断，是俄"软实力"短板。为破解这一困局，俄采取多重措施，重组国有媒体，提升公共外交，打造外宣航母，争夺国际话语权。重磅打造的"今日俄罗斯"新闻电视台（缩写为 RT），如今已跻身全球权威媒体行列，能与西方国家媒体巨鳄分庭抗礼。舆论战内外兼顾，陷敌于不义。从 2015 年 9 月开始，俄罗斯国家电视台"第一频道"对国内民众密集报道欧洲叙利亚难民潮和"伊斯兰国"的暴行，俄罗斯主流媒体常见到"保护叙利亚，就是保护自己""莫斯科决定着叙利亚的命运"等新闻标题。通过媒体煽动，民众纷纷将视线由"经济制裁"转移到"叙利亚难民"，并给予了足够的同情与关注。这使得之后的军事行动极大地加强了俄罗斯民族的自豪感，侧面减轻了普京政府出兵背后的经济压力，为普京政府大大加分。此外，作为俄罗斯对外的"喉舌"，"今日俄罗斯"国际新闻通讯社及其所属的"卫星"新闻通讯社通过对外宣传"伊斯兰国"的危害和美国政府反恐政策的失败，影响了西方民众对叙利亚问题的判断。此外，俄罗斯媒体还注重借助和发挥新媒体的优势，将各种平台加以利用，显示出良好的对外宣传效果。最后，俄罗斯还公开表示，在打击恐怖势力方面，俄军愿意与美国共享情报。而在情报获取方面处于优势的美国则进退两难，拒绝表态，不可避免地陷入了舆论与道义的被动。在作战关键期，高效作战鼎定军事大局。格拉西莫夫针对混合战争对部队的要求提出了两个根本性观点：混合战争同样需要高科技武器，而快速精确打击仍然是制胜关键；能够以最小作战编成完成任务的军队是最有效的军队。因此在叙利亚战场上，俄军广泛运用新型作战手段，高效地完成打击任务。为此，俄军让电子战首先展开，在多维联动夺取信息优势的前提下，引导空天军持续打击、系统配合，放大不对称优势。从 2015 年 9 月 30 日到 2016 年 3 月，俄空天军部队共执行了 8922 次飞行任务，攻击了 26087 个恐怖组织目标，取得重大战果。同时应用特种部队，结合无人作战技术逐步积累技术优势，最终取得决定性战局。

因作战效果卓著，又因俄联邦武装力量总参谋长格拉西莫夫大将的一篇论文，将俄军在叙利亚战场上的行动打造成了混合战争的"样板"。俄罗斯在叙利亚的军事行动较之其他战例，能进一步地反映混合战争的本质与特点。

"混合战争"是对战争复杂形态发展的一种描述，未来战争不仅从作战对象来说，而且从作战手段来说，都是一种"混合战争"。从未来 20 年到 30 年的跨度来看，未来战争是一种"混合战争"。"混合战争"并没有改变战争的一般规律，只是丰富了现代战争的内涵。在安全威胁日益复杂和军事技术迅速发展的背景下，战争往往从危机爆发之初就需要动用国家政治、经济、外交、军事等手段综合应对，既要重视传统战略资源和传统作战手段的运用，又要重视信息、网络、媒体等非传统作战手段的运用，力求把传统作战的攻防行动和现代条件下的电子战、信息战、网络战、心理战等融合在一起。

1.2 无人战趋势明显

在叙利亚战场上，无论是正规军还是武装组织都在使用无人装备，因此，叙利亚战争也被称为"简陋版无人战争"。俄罗斯在叙利亚战争中运用了大批量的无人化装备，帮助政府军不断地收复失地。与此同时，对方也在使用无人装备进行袭击或骚扰。在叙利亚战场上俄罗斯直接出动了大量的排雷机器人，为叙利亚装甲部队的进攻打开了绿色通道，此外，俄罗斯不仅在叙利亚战场上出动了排雷机器人，还有无人机、无人坦克、"天王星-9"无人战车等一系列的无人化装备。俄军最早在车臣战争时期就开始使用无人机。在第一次车臣战争中，俄军使用"蜜蜂"-1T侦察无人机对车臣恐怖分子的常驻地和集结地进行监视，并侦察其武器装备、活动路线和行动企图。在叙利亚战争中，俄军无人机也有着不俗的表现。俄军驻叙利亚联合作战集群专门组建了由空天军驻赫梅米姆空军基地无人机大队、海军驻塔尔图斯基地无人机大队和陆军无人机连组成的无人机战斗群。据俄媒报道，在叙利亚参战的俄军无人机集群曾达到70至80架。包括"超光速粒子""石榴-4""普捷罗""副翼-33SV""海雕-10"

和"前哨"等型号的无人侦察机。俄空天军驻赫梅米姆空军基地无人机大队，日均出动无人侦察机 4 架次，日均飞行时间达到 10 小时。由于高强度的出动，无人侦察机操作员的平均工作时间都超过了 2000 个小时。俄军无人机系统主要遂行以下作战任务：一是营救机组人员。如 2015 年 11 月 24 日，赫梅米姆空军基地一架苏 -24M 战斗轰炸机被土耳其空军一架 F-16 击落，两名机组成员弹射逃生，一人被恐怖分子的轻武器击中身亡，另一人负轻伤潜入山区丛林中。此时，俄空天军驻赫梅米姆空军基地，立即派出一架"海雕-10"无人侦察机前往出事地点实施侦察救援任务。在操作员的准确操控下，这架"海雕-10"迅速侦察到了飞行员携带的无线电救生电台发出的救生信号，并准确标定出了其所处的位置。随后，一架米 -24 武装直升机和一架米 -8MTV 多用途直升机，成功救出幸存飞行员，"海雕-10"操作员被授予俄罗斯荣誉奖章。二是空中监视与侦察。这是无人机的基本职能，通过无人机的空中监视与侦察，有效探明"伊斯兰国"恐怖组织的驻地、设施、营地等的画面和位置信息，为实现精确打击、彻底摧毁目标创造条件。同时，特种部队通过无人机将获取的情报信息进行传递，提升了作战指挥效能。三是电子压制。俄军为"海雕-10"无人侦察机配备了"索具-3"RB-341V 电子战系统，可以模拟数字蜂窝式移动通信系统基站接收器和发射机，并对注册用户实施屏蔽。四是火力打击毁伤效能评估。"海雕-10"和"前哨"无人侦察机，可立即对导弹打击的效果进行照相评估。此外，"副翼-33SV"无人侦察机，还经常担负对俄军和叙利亚政府军 2A65 型"姆斯塔 -B"152 毫米牵引榴弹炮攻击校正和毁伤效能评估等任务。五是护送救援车队和监视停火。

另外，俄罗斯军方在叙利亚部署"天王星"-6 无人战车，主要用于战场扫雷。"天王星"-6 无人战车是俄军列装的首款多功能无人扫雷战车，由俄罗斯国防工业公司在克罗地亚"道金"ＭＶ-4 型扫雷机器人基础上，根据俄军使用需求设计制造。"天王星"-6 的操作控制单元仅包括一个数据通信背包和一台军用笔记本电脑改装的可视化操纵设备。在战斗中，操作员可以使用特制的背带将笔记本电脑挎在胸前，根据平台传输回来的视频数据、通过遥控手柄和各种按钮操纵战车。由于"天王星"-6 的最大遥控距离为 1500 米，完全可以避免对操作人员的伤害。"天王星"-6 采用改进的六缸水冷涡轮增压柴油发动机，每小时燃料油耗为 15~25 升，能够连续工作 16 个小时，每小时可以扫除 2000 平方米的雷区，相当于 20 名工兵的工作量。战车配备全套工具，除扫雷辊、推土铲、夹爪、叉车和机械臂外，还配备了高压水枪、喷射水炮等，可执行扫雷、排爆、灭火等多项任务。"天王星"-6 不加挂扫雷工具时长仅 3 米、重仅 5 吨左右，由于尺寸小、重量轻，可以很方便地使用普通军用卡车、集装箱或中型战术运输直升机运送，具有极佳的战术和战略机动性能。在叙利亚军事行动中，有两次典型战役体现了俄军无人化作战手段的运用。一是战斗机器人助攻 754.5 高地。2015 年 12 月，叙政府军在俄军战斗机器人强力支援下，成功攻占"伊斯兰国"武装分子控制的拉塔基亚 754.5 高地。俄军投入一个机器人作战连，包括 6 部"平台-M"履带式战斗机器人、4 部"暗语"轮式战斗机器人、1 个"洋槐"自行火炮群、数架无人机和一套"仙女座-D"指控系统。战斗打响后，无人机首先升空，将战场情况实时传送到俄军指挥系统。战斗机器人在操作员操纵下发起集群冲锋，抵近武装分子据点100米至120米后，用机枪、榴弹和反坦克导弹进行攻击，叙利亚政府军则在机器人后150米至200米相对安全的距离上肃清武装分子。遇到坚固火力点时，"洋槐"自行火炮群根据无人机和机器人传回的画面，实施精确炮击，彻底摧毁目标。一边倒的猛烈打击令武装分子毫无还手之力，77名武装分子被击毙，参战的叙政府军只有4人受轻伤。此战规模虽不大，但凸显了战斗机器人的巨大优势。二是成功抵御大规模无人机袭击。2018年1月6日凌晨，俄防空部队发现13个小型空中目标向俄驻叙海空基地快速移动，其中10架无人机飞近赫梅米姆空军基地，3架飞近塔尔图斯港补给站。俄军立刻采取反制措施——实施灯火管制并对来袭无人机发动电磁攻击和火力打击。电子战部队干扰迫降了6架，剩余7架则被"铠甲S"弹炮合一防空系统全部击落，俄军人员装备没有任何伤亡损失。这是恐怖分子对俄基地发动的一次无人机蜂群攻击。俄军专家组对俘获的无人机进行分析后发表声明称，恐怖分子使用的无人机，是外表故意做旧的高新武器。这些无人机呈现出三大高新技术特点——机载航弹新、飞控技术新、集群战法新。面对这一高技术恐怖袭击，俄军交出了合格答卷。

随着科技不断发展，无人化作战已经成为未来战争不可逆转之趋势，世界主要强国均在此领域展开了激烈竞争。近年来，俄罗斯加快发展无人化作战力量，不仅提升了俄军战斗力，更有效推动了俄军整体转型。2016

年，俄罗斯发布《2025 年前发展军事科学综合体构想》，明确提出将分阶段强化国防科研体系建设，以促进创新成果的产出，并将人工智能技术、无人自主技术作为俄罗斯军事技术在短期和中期的发展重点。此外，按照俄国防部无人作战系统规划，俄已从 2017 年开始大量列装机器人，到 2025 年无人作战系统在俄军装备体系中所占比例将超过 30%，初步形成立体化的无人化装备体系。俄军在无人作战力量上的重大突破，为俄军队整体转型提供了强劲动力。无人作战系统与俄军当前正在进行的信息化、小型化、模块化转型高度吻合，俄军在战场上对无人作战系统的高效运用，将有助于改变其传统作战模式，全面提升战斗力。

1.3   远程战协同高效

叙利亚军事行动是俄军典型的远离本土进行的作战，俄军充分运用军种、战区（军区）、军事基地、地方运力、当地力量等作战资源，采取果断出手、前期预置、应急供应、基地扩充等手段，确保了远程奔袭作战的成效。

叙利亚军事行动是俄罗斯第一次在远方战场展开了包括混合航空兵团、特种作战部队、海军陆战队、空降兵、陆军分队和防空兵力及装备（包括海基和陆基）、装甲战车、火炮、通信和指挥系统、无线电电子战系统、侦察和物质技术保障等分队在内的跨军种集团。在叙利亚采取军事行动的第一阶段（2015 年 10 月至 11 月上半月），俄罗斯空天军集中力量摧毁非法武装的武器和技术兵器、支撑点、训练营、通信枢纽和指挥所、军械库、弹药库及油料库、用于军事目的的工业和修理基地。2015年10月7日，俄海军里海区舰队的"达格斯坦"号、"格拉德·斯维亚日斯克"号、"大乌斯秋格"和"乌格利奇"号战舰用26枚"口径-NK"巡航导弹对叙利亚境内非法武装的目标进行了打击。俄罗斯武装力量总参谋部作战总局局长安德列·卡尔塔波洛夫上将指出，"10月5日和6日我们的侦察部门在叙利亚境内查明需要立即摧毁的非法武装的一系列重要目标。决定使用远程巡航导弹予以摧毁。对炮弹和炸药生产工厂、指挥所、弹药库和油料库以及位于拉卡省、伊德利浦省和阿勒颇省的恐怖分子训练基地进行了打击。"俄罗斯空天军在叙利亚行动的第一阶段，俄罗斯飞机共完成1391次战斗出动，摧毁1623个恐怖分子的目标，其中包括：249处指挥所和通信枢纽，41处恐怖分子训练营地，35家工厂和恐怖分子用于制造汽车炸弹的车间，131处弹药库和油料库，371个支撑点和加固的枢纽部，786处野战营地和各种基地。2015年11月17日可以说是俄罗斯军队在叙利亚行动第二阶段的开始。这一阶段的特点是航空兵、海基和空射巡航导弹的打击强度增加，战略轰炸机从俄罗斯本土起飞进行轰炸，目标范围扩大到"伊斯兰国"用来开采和运输石油的基础设施和交通工具。2015年11月，俄罗斯空天军航空集团还得到了苏-34轰炸机的加强。俄罗斯空天军的出动数量增加一倍，从而能够对叙利亚领土纵深的"伊斯兰国"非法武装进行强大的精确打击。"俄罗斯联邦武装力量总参谋长瓦列里·格拉西莫夫大将详细报告了俄罗斯航空兵的行动。他说，俄罗斯航空集团在

48 昼夜内共完成 2289 次战斗出动，对主要的基础设施目标、非法武装技术兵器和有生力量集结地共实施了 4111 次导弹和炸弹打击。在作战行动过程中一共摧毁：562 个指挥所，64 处恐怖分子训练营地，54 处武器弹药生产厂和其他设施。为了完成最高统帅关于加强对"伊斯兰国"和其他极端组织的目标的打击的命令，总参谋部制订了相应的空中行动计划。在增强航空兵从赫梅米姆空军基地的战斗出动强度的同时，计划动用俄罗斯本土的 25 架远程航空兵飞机、8 架苏 -34 轰炸机和 4 架苏 -27SM 歼击机参加打击行动。在行动的第二阶段中，战斗出动强度成倍增加。如果说 10 月初平均一次战斗出动消灭一个目标，那么从 11 月下半月起，消灭目标数与战斗出动数的比值增加到 3 以上。例如，11 月 21~22 日共完成 141 次战斗出动，摧毁 472 个目标，也就是说每出动 1 架次消灭 3.34 个目标。11 月 23~26 日，俄罗斯空天军的飞机完成 134 次战斗出动，消灭 449 个目标（比值为 3.35）。俄罗斯空天军在叙利亚的成功行动给外国专家和军事将领留下了深刻印象。美国海军分析中心一级研究员德米特里·戈伦堡说，"俄罗斯军队在提高作战强度系数和完善军种间协同方面取得的成果令人印象深刻。他们还大大提高了遂行远征行动的能力，展示了高精度武器的防区外打击能力"。布鲁金斯研究所研究员加列特·堪贝尔认为，"实际上我们（指美国）的北约盟国没有一个能在空中战绩方面与俄罗斯相比。北约在科索沃和利比亚的两次空中战役的教训都是这样令人失望"。2015 年年底，俄对驻叙利亚航空集团进行了扩编。截至 2015 年年底，其编成包括：16 架苏 -30SM 歼击机，4 架苏 -27SM3 歼击机，12 架苏 -34

前线轰炸机，12 架苏－25SM 强击机，12 架苏－24M 前线轰炸机，12 架米－24 直升机，12 架米－8 直升机。在 2015 年 12 月 2 日的新闻发布会上，俄军总参谋部作战总局局长谢尔盖·鲁茨科伊中将说，我们在叙利亚的两个月行动中摧毁了 32 处采油综合设施、11 家炼油厂、23 个石油泵站、摧毁了 1080 辆运输石油产品的油罐车。2016 年 1 月 22 日，俄罗斯总参谋长兼国防部第一副部长瓦列里·格拉西莫夫说："叙利亚军队退却了四年。在驻叙俄罗斯空天军开始行动两个周后，就出现了政府军在某些方向上转入进攻的趋势。现在这一趋势已经具有普遍性。在叙利亚有战事的 15 个方向上，有 10 个在开展进攻性作战行动，3 个在准备进攻，2 个正在防御……我想说的是，就作战行动进程而言，总地来说，大部分方向上的战略主动权和主动权目前在政府军手中。叙利亚军队最近几个月面貌一新。出现了进攻的欲望，对自己的力量有了信心。"第三阶段始于 2016 年 3 月 15 日，这时俄罗斯总统普京发布了驻叙俄军集团主力撤出叙利亚的命令。最高统帅做出这一决定的根据是驻叙俄军自 2015 年 9 月 30 日至 2016 年 3 月 14 日的作战行动取得的成果。俄罗斯国防部长谢尔盖·绍伊古大将是这样汇报战果的："在此期间一共完成超过 9 千次出动，首次用分散配置的空基和海基巡航导弹对距离超过 1500 公里的目标进行了密集打击。在此期间，通过打击和切断恐怖分子的烃贸易业务，成功地严重切断且在个别地方完全切断了恐怖分子的资金保障，截断了向土耳其输送烃和向非法武装输送武器弹药的主要路线。恐怖分子被驱逐出拉塔基亚，恢复了与阿勒颇的交通，封锁了帕尔米拉——旨在将其从非法武装手中解放出来的战斗行动在继续进行，肃清了哈马省和霍姆斯省的大部分，解除了对已被封锁三年的克瓦伊莱斯空军基地的封锁，控制了帕尔米拉附近油田：3个已经开始恢复正常运转的大型油田。在叙利亚境内消灭的非法武装分子超过2000人，包括17名野战指挥官。俄军航空兵摧毁209处石油开采和燃料加工与输送设施，以及2912件石油产品输送工具（油罐车）。在俄军航空兵的支援下，叙利亚军队解放了400个居民点和超过1万平方公里地区。在与恐怖主义的斗争中取得了重大转折。"俄军在叙利亚行动的此阶段，一项重要任务是监督遵守停火协议，为叙利亚国内政治对话创造条件。为此补充展开了侦察手段，包括将俄罗斯无人机数量增加到70架。在赫梅米姆空军基地的敌对双方和解中心在继续全天运转。理顺了与美国驻约旦全权机构代表和日内瓦国际支持叙利亚小组停火业务中心的建设性相互协同。他们之间最少每昼夜交换两次情报。尽管在温和反对派部队和叙利亚军队之间实现停火状态已经取得进展，但"伊斯兰国"和"努斯拉阵线"非法武装仍然企图破坏已经达成的协议。为维护大马士革、霍姆斯省、阿勒颇省和拉塔基亚省的政府军阵地、民兵和居民区，俄罗斯空天军在继续对恐怖集团进行打击。俄罗斯国防部副部长尼古拉·潘科夫在赫梅米姆空军基地演讲时就此说到："结束持续多年的对抗和暴力的现实机会已经出现，但是说战胜恐怖主义为时尚早。俄罗斯航空集团面临继续对恐怖分子目标进行打击的任务。"

1.4 特种战常态应用

为避免误伤平民造成不利影响，俄军在叙军事行动中十分注重精确打击和特种作战力量的运用。在目标选择上，更加注重对关键节点性目标实施精确打击，以瘫痪敌人作战体系，能够迅速改善整体作战态势。在武器使用上，注重改造普通炸弹达到精确打击效果。俄罗斯对叙利亚派出的援助部队最为重要的就是特种部队。众所周知，特种兵是每个国家都拥有的重要部队，每一特种兵都具有强大的单兵作战能力，可以执行许多的隐蔽任务。据悉，俄罗斯的特种部队也是世界上顶尖的特种部队，在叙利亚长期的战争，这支特种部队培养出了一种新型的作战方式和手段，这与以往的特种部队的作战方式有很大不同。一是完成军事驻扎任务。俄罗斯驻军叙利亚有很长的时间了，为了巩固与叙利亚的关系，俄军派遣了军事人员完成军事顾问和军事培训任务，一旦有军事行动需要，这些人员就作为先遣部队承担战争前期的任务。俄罗斯外交部长谢尔盖·拉夫罗夫强调了俄罗斯军队常驻叙利亚这个事实，他说："在叙利亚有俄罗斯军队，他们已经在那里存在许多年了。在存在的同时，还向叙利亚军队提供装备，或者担负着与以'伊斯兰国'和其他极端集团为代表的恐怖主义对抗的主要责任。他们在那里是为了帮助叙利亚人掌握技术装备和做好在反恐斗争中使用它们的准备。"二是完成特种作战任务。据俄罗斯媒体援引特种兵队长的叙述，在叙利亚作战，特种兵不再需要像以往那样深入敌后，探查情报，拔除重要基地。他们往往配备许多先进武器装备，只需通过这些先进的侦察装备，比如无人机等，通过卫星传送，就可以完成侦察任务。同时可以配备重型武器装备，导弹，坦克等。他们只需凭借武器直接进入敌人的侧面吸引火力，掩护叙军队进行攻击。俄罗斯的特种兵在侦查情报后，只需将位置分发送给无人机，就可以凭借无人机的空中优势，直接取得较大的优势。俄罗斯著名的军事频道——"红星"电视台2016年12月公布了一段俄特种部队在叙利亚作战的视频。视频显示，俄特种部队使用狙击步枪、反坦克导弹等武器与敌人作战，引导战机进行空袭。俄特种部队还首次使用了"乌兰"系列无人战斗车，其最早亮相于俄罗斯"军队2015"展览会上。视频中出现的俄特种部队在叙利亚作战的画面，也有在俄本土演习或训练的画面。俄军这些特种部队主要工作是深入敌后执行侦察、破袭、引导空袭等特种任务，有时候也和正规军配合，一同打击武装分子。除了配备精良战斗武器，俄罗斯的特种部队还学习美国，先于俄军常规部队配备了先进的通信器材、单兵电脑等支援设备，可以将侦察的画面传回指挥部，根据需要召唤空中打击，有力地推动叙利亚战局向有利于俄军和叙政府军的方向发展。三是电子战。俄军空天战场上取得光辉战果的背后，暗中发力的网络电子战"助攻"颇多。俄罗斯通过向中东地区调集12颗各类侦察卫星，并在叙利亚部署伊尔-20侦察机及"克拉苏哈-4"机动式电子战系统，用以干扰和破坏对手通信，帮助己方更有效地展开军事行动。其中，"克拉苏哈-4"机动式电子战系统可对太空卫星、地面雷达、预警机等多基探测系统进行选择性压制，并可瘫痪航空电子设备，扰乱防空电子系统，确保俄军夺取战场制网电权。空天战场与电子战之间的协调配合，阻止了北约在叙利亚建立"禁飞区"，为海、空天军组建联合打击平台，遂行主要火力打击任务创造条件，全面加强了俄对叙利亚空域的控制。既方便加强信息监控，又创造了空天战场的相对优势。俄军以空天领域结合网络电磁空间领域，创造天基作战与侦察优势，取得了在叙利亚战场上的重大突破。四是城市作战。叙利亚战场上部队几乎都要在城市条件下作战，像帕尔米拉等城市就曾经两次与恐怖分子搞过拉锯战。《国家武器库》杂志总编维克托·穆拉霍夫斯基认为，叙利亚战争揭示了城市作战行动的特点，这些经验必须吸收和汲取，"班、排、连等小分队指挥员的作用得到极大增强。现在，他们经常自主、独立地占领或者控制独立目标。比如，特种行动部队 12 名战士在叙利亚迟滞 300 个匪徒的进攻时间长达好几个小时，顺利完成了任务，而且自身没有伤亡，原因是他们与我们的航空兵协调良好，目标引导明确。应该学习这种协同的组织经验。如果在城市里对敌人实施炮兵或航空兵打击，通常要按照激光测距仪和目标指示器提供的数据进行。也就是说，需要从地面上对目标进行照明指示。分队指挥员应该善于组织航空引导员和炮兵火力校正员的工作。"五是基地守卫。俄在叙主要拥有拉塔基亚空军基地和塔尔图斯海军基地。政府军同"叙利亚自由军""伊斯兰国"的控制区犬牙交错，俄军基地离叛军武装也就几十公里。为加强基地的防卫，俄军派遣两个营加强俄基地的守卫。

2 叙利亚战争俄军后装保障行动实施情况

俄罗斯在叙利亚军事行动取得了超预期的效果，受到了世界范围内军事专家的高度认可。驻欧洲美军司令本·霍杰斯中将就此说："一直令我吃惊的是什么，是俄罗斯联邦武装力量远距离、大规模迅速投送兵力和装备的能力。"美国国防部前分析家杰弗里·怀特指出："他们投送了全套东西。对我来说这是他们展开具有可观编成的远征集团的能力的证明。"美国海军陆战队退役军官罗伯特·李说："如果说不久前只有美国是世界上唯一能够在远离边界的地方独立进行地点、时间和参战者编成都协同一致的军事行动，那么现在俄罗斯是这个排他俱乐部的第二个成员。"这次俄军的叙利亚战争以较小代价，达到了俄罗斯的战略目标：防止了因外界干涉而导致的叙利亚政权更迭；增强了俄罗斯在中东地区的影响；俄罗斯作为全球性强国重回世界舞台的中心；粉碎了华盛顿对莫斯科的孤立；遏制了恐怖主义势力；向外界展示了俄罗斯的新式装备；克服了因乌克兰危机而导致的俄罗斯民众对战争的厌倦，展示了新的外交方向，获得了与西方博弈的筹码，提升了国民信心。俄罗斯在叙利亚军事行动的成功，其后装保障工作发挥了重要的支撑作用。俄罗斯国防部副部长德米特里·布尔加科夫大将介绍俄军军事行动时特别强调，俄军在短短几天内就在叙利亚全面展开了物质技术保障系统。他说："我们在叙利亚的官兵居住在集装箱型模块化构件中，世界上其他国家无一能够高效地在境外为人员创造这样舒适的居住条件。"他说，"目前在叙利亚的俄罗斯军人能够洗澡，每天按飞行、技术和诸兵种标准提供三顿热餐，并组织购物和日常生活服务及其他服务。"

2.1 远程投送行动

叙利亚军事行动的实战经验告诉我们，构建多维立体、远程快速的投送体系，是现代作战体系的必需，也是达成作战突然性和获胜决定性的基础。在空袭叙利亚境内恐怖分子行动初期，俄大批战机突然出现在拉塔基亚还是令西方大吃一惊。这种局面与俄罗斯方面为调兵叙利亚所实施的周密外交配合和军事掩护密切相关，在叙利亚境内悄无声息地集结军力，通过空、海运输手段短时间完成了空袭的一系列军事部署。据俄罗斯《消息报》报道，俄国防部副部长德米特里·布尔加科夫透露，自从俄罗斯投入叙利亚反恐战争以来，俄军后勤部门即开辟了被称为"叙利亚快车"的后勤保障线，运用包括辅助舰船和汽车旅在内的现有交通工具，利用混合投送方式，从俄罗斯向中东输送部队、武器装备和军用物资，必要时甚至投入军事运输航空兵部队实施机动投送。俄军通过海运和空运共投送了总人数达 3500 人的作战部队，其中包括混合航空兵团、陆军和岸防部队分队、防空导弹系统、坦克装甲车辆、远程火炮系统、电子对抗系统、特种侦察分队及其支援保障单位。

俄罗斯对叙利亚局势的干预，最早可以上溯到 2012 年，在叙利亚内战爆发不到一年时，俄军就组建了准备随时干预叙利亚局势的快速反应部队，这个以沙曼诺夫中将为司令的快速反应集群，包括第 76 普斯科夫空降师、黑海舰队海军步兵（即海军陆战队）、总参情报局（格鲁乌）和对外情报局特种部队参与，另外一支大名鼎鼎的车臣特种部队——"东方营"也被纳入其中。2014 年 6 月，IS 武装攻占伊拉克北部重镇摩苏尔时，俄军的第一批 5 架苏-25 攻击机就通过海路运到了叙利亚塔尔图斯军港。在 7 月，俄军又将 8 架米-35 和 6 架米-28 武装直升机空运到叙利亚。到 9 月中旬，俄军借助中央军区年度突击战备演习做掩护，瞒天过海，在美国等西方国家眼皮底下将数十架作战飞机突然部署到叙利亚，达成了战役的突然性。2012—2014 年，俄罗斯就已经开始向叙利亚的塔尔图斯港口运送大量的军用车辆、各种装备以及后勤保障物资。不过当时，这种为叙利亚军方输血的活动是做得比较隐秘的。大约在两年左右的时间里，俄罗斯黑海舰队的登陆舰一直忙着向叙利亚运送装备。据统计，俄军在军事行动头一个月，动用军事运输航空兵完成 640 架次运输任务，海军保障船只完成 80 航次海上运补，使任务部队在战前快速完成兵力部署，并持续保持高强度军事打击力度。

在海运方面，2015 年的前 8 个月，9 艘俄罗斯大型登陆舰共完成 44 次由塞瓦斯托波尔和诺沃罗西斯克至叙利亚塔尔图斯港的航行。仅 2015 年俄军 152 号鳄鱼级登陆舰就已四次前往叙利亚塔尔图斯港，共运去了 6800 吨左右的军事物资，包括乌拉尔-4320 型军用卡车和"索克拉尼克"

无人战斗机器人。俄军以部队军演为掩护，向叙附近海域派出"莫斯科"号导弹巡洋舰为首的远洋编队，将28架战机和20架直升机隐蔽转场至杰拜勒机场。依靠登陆舰向叙利亚投送装备，可以将货物藏匿于坞舱之内。在国际海域，军舰有权力对可疑的非法船只实施登临检查，必要情况下甚至可行使扣押的权利。但如果对方是军用舰艇时，这种做法就有直接导致同对方国家爆发纷争和冲突的可能性。因此，俄罗斯这样做是比较讨巧的。

为提供后勤保障，俄罗斯军方征召了许许多多的民船，一直在从塞瓦斯托波尔到塔尔图斯的航线上忙碌着。俄国防部还紧急从土耳其购买了8艘二手运输船只，作为海军辅助船只投入军事行动的后勤保障，并征集10艘民用集装箱运输船参与军用物资运输。其中，"亚历山大·特卡琴科"号滚装船就是其中的代表之一。2017年10月24日，有网友拍到一艘满载军车的货轮正在前往叙利亚的途中。经查阅，这艘货轮是一艘滚装船，属于俄罗斯，船名是"亚历山大·特卡琴科"号，排水量7000吨，全长125.16米，宽19.7米，是20世纪80年代末在苏联时代建造的，该船一次性就可搭载3980吨各种军用装备。无论是军用船只，还是民船，在这几年的时间里，成为叙利亚塔尔图斯到黑海舰队基地之间的漫长风景线。而没有这些后勤保障，一切支持都无从谈起。

在空运方面，俄罗斯空运力量提供了高效率的保障服务。航空兵的部署，需要完成三大类设备的转运。首先是飞机和飞行员的部署，其次是飞机所需弹药、燃料和地勤人员的运输，最后是飞机维护设备的部署，包括供氧、充氮、检修、制冷、加油、供弹和供电等车辆。俄军在正式介入叙利亚战争之前，曾先后借用保加利亚和希腊领空，动用大批安-124、伊尔-76和安-26运输机在俄南部军区的克雷姆斯克空军基地与叙利亚之间建立了"空中走廊"，后来在北约施压保加利亚和希腊两国关闭领空之后，俄军又转而利用伊朗和伊拉克领空恢复了这条线路，甚至直接借用伊朗哈马丹机场对战机进行油料补给。在普京公开派兵进入叙利亚后，半个月内，俄军出动登陆舰和安-124-100"鲁斯兰"运输机，将大约一个摩步团兵力、28架战机投送到叙利亚，包括T-90A主战坦克、152毫米自行榴弹炮、苏-30CM等重型装备。每天动用安-124、伊尔-76等运输机35架次，向叙利亚运送作战急需的被装、食品、油料等物资。截至2016年1月10日，安-124-100运输机群一共向叙利亚空运了13750吨物资，有力地支持了俄军在叙利亚的军事行动。在土耳其击落俄罗斯苏-24战机后，空天军还在第一时间利用安-124重型运输机将S-400防空导弹运抵叙利亚，运输力量的快速投送能力支撑了俄罗斯的有力回击。

另外，在军事力量回撤方面，俄罗斯也体现了强大的运送能力。在俄罗斯总统对外宣布撤军命令后，全部苏-25SM和苏-25UB强击机、苏-34轰炸机、部分苏-24M轰炸机撤离了叙利亚。飞机被编成多个空中梯队（伴航军事运输机）从赫梅米姆空军基地转场飞回其俄境内常驻地。陆军航空兵和保障分队则用军用运输机和海上运输船转移。

2.2 物资保障行动

作战部队的海外军事部署并非简单的转场，执行作战任务所需的大量装备、燃料及弹药等物资保障的实施，体现了俄军强大的物资保障能力。俄罗斯对于叙利亚的投入属于是"添油"性质的，每个月，俄罗斯都必须从新罗西斯克向塔尔图斯运送装备、弹药和其他物资，如果哪个月保障不够充分，就能影响到叙利亚国内的战局。军事行动实施前，俄海军提前派出登陆舰满载部队和物资，预置到叙利亚的塔尔图斯军港，"瞒天过海"完成地面部队集结。战前，俄军分海空两路向叙境内运输 1700 余吨弹药、8300 余吨油料以及大量的营建、给养等物资。尽管俄罗斯在叙利亚的军事行动规模有限，但投入的军用物资数量却非常庞大。根据相关资料显示，仅在开战两个月内，俄罗斯空天军军事运输力量就运输了超过 21.4 万吨物资进入叙利亚。

俄在叙军事行动后勤保障面临诸多困难，运输距离远、保障任务重，无陆上补给线，海空补给线途经若干"非友好"国家，驻地气候、社会和安全条件恶劣。为此，俄军主要依托港口、基地和本土后勤力量，实施境内外一体联合保障，确保物资供应充足及时，资源统筹得当。一是立足本土稳定供应。集中力量在国内筹措在叙当地无法获取的被装、食品等物资。二是深挖驻地资源。尽最大可能从叙政府和当地获得安保、水源、基建设备等方面服务。三是综合运用军地保障力量。向本国承包商外包伙食供应、基建维修、生活服务等保障工作，减轻部队后勤补给压力。从整个军事行动来看，空中打击是俄军采取的主要行动样式，出动驻叙拉塔吉亚基地苏－24、苏－25、苏－34等机型实施空袭，后勤主要从驻叙基地对空袭行动实施保障。偶尔从俄本土出动图－160、图－95MC、图－22M3战略轰炸机实施远程打击，从里海、地中海出动军舰、潜艇实施远程精确打击，后勤分别由俄西部军区基地和空中加油部队以及驻叙港口实施保障，确保安全和效果。

同时，俄军物资的快速保障与供应，得益于其组建的快速反应部队模式。俄军组建快速反应部队始于1992年年底，并同时组建与之相适应的机动部队后勤保障系统。俄军把机动部队分为"立即反应部队"和"快速部署部队"两部分，要求机动部队3日内能将两个集团军运抵中东或非洲。俄军应急后勤保障力量的建设目标是"高度机动，装备轻便，具有较高的伴随、立体和持续保障能力，既可独立完成后勤保障任务，又可在机动部队编入战役军团时遂行综合保障任务。"俄军加强快速反应部队后勤建设的主要措施是：运输、修理、物资补给和卫勤分队实行积木式搭配，合理编组；优先发展快速反应部队后勤装备，特别是注意为其装备先进运输机，提高快速和机动能力。目前，其运输航空兵装备了90架安－12、45架安－22、25架安－124和500架伊尔－76运输机，这些运输机均为俄军最先进的大型运输机，其最大负载航程都在4000公里以上，可使作战范围覆盖整个欧洲、亚洲、非洲以及北美洲大部。出动整个航空兵可一次投送2~2.5个空降师。根据俄罗斯方面透露，还准备向这支快反部队提供一支空降师和一支伞兵突击旅，大约 8000 人，并获得最有效的武器配置。2017 年 2 月，俄罗斯东部军区在所辖布里亚特共和国境内举行后勤保障演习，重点检验在野战条件下完成部队后勤保障工作的能力。演习任务包括完成部署现代化移动作战指挥中心、搭建野战帐篷和给养点、在野战环境下快速完成食物准备等一系列野战保障任务，类似的演习在俄军"新面貌"改革后频繁举行。

2.3 基地保障行动

"兵马未动，粮草先行"这一保障思想，在现代战争中的重要体现之一是基地化保障。在叙利亚军事行动中，俄罗斯最倚重的两个基地是塔尔图斯和赫梅米姆，保障基地为俄空袭"伊斯兰国"极端组织行动提供了坚强的保障基础。依托海外基地，既保证了俄罗斯空袭兵力迅速到位，又有效破解了单纯依靠长途补给可能造成的供给中断、无后方依托等弊端。

塔尔图斯军港的战略意义非常重要，它是叙利亚第二大商港和渔港，是苏联解体后，俄罗斯在独联体以外国家唯一长期经营的海外基地，是驻泊与物资技术保障基地，主要用于燃料、油料、给养和被装的补给。1971 年，叙现任总统巴沙尔的父亲阿萨德上台后与苏联签署条约，苏联在塔尔图斯修建海军基地，1977 年苏军开始驻扎塔尔图斯。苏联解体后，塔尔图斯港的基地几乎被俄军废置。2011 年以后，俄罗斯对塔尔图斯军港进行了扩建，将淤积仅剩 4 米的主航道拓深至 12 米，修建了大型后勤基地，现可锚泊 12 艘航空母舰和巡洋舰以上的大型战舰，成为俄罗斯在地中海发挥影响力的一个坚固据点。2012 年俄海军的航母编队曾经入驻塔尔图斯军港。战前，俄对叙利亚塔尔图斯港口进行扩建，使其具备接纳俄军中型护卫舰、大型登陆舰等大吨位船只的能力。资料显示，自 2011 年叙利亚内战爆发后，俄罗斯出于人道主义救援需要，就不断利用塔尔图斯基地为叙政府军提供多种物资补给，同时也为后来俄军的空袭行动，事先储备了相当数量的战略物资。尤其是在对该基地实施改建后，塔尔图斯港无论在保障容量、保障技术和防御能力上，都有了较大提高，可以同时容纳相当数量的巡洋舰、驱逐舰或大型登陆舰。2015 年 9 月 7 日，俄罗斯总统普京公开承认，俄罗斯将出兵干涉叙利亚内战，支持巴沙尔政权。俄罗斯军队以其驻叙利亚的军事基地为核心进行支援作战，这个军事基地就是叙利亚地中海沿岸的塔尔图斯军港（如图 2-1、图 2-2）。

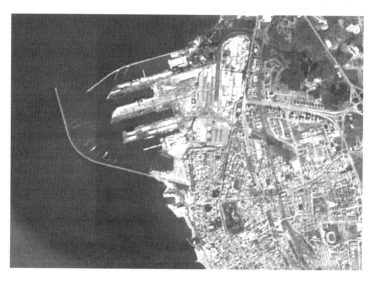

图 2-1

图 2-2

与此同时，俄罗斯还与叙方达成使用塔尔图斯基地附近机场的相关协议，获得了保障俄空天军作战的空军基地。俄海军在塔尔图斯港的物资技术保障点拥有两个长 100 米的浮动码头。该保障点由两个排的海军陆战队官兵负责守卫。战时，俄军在此基地驻扎的军人达 1700 人，具有导航中心等设施，还部署有 T-90 坦克和重型火炮等装备。

赫梅米姆空军基地位于叙利亚拉塔基亚市，距市中心 23 公里，2015年 8 月，莫斯科和大马士革签署了关于俄空天军可在叙利亚无限期驻扎的协议。2015 年，在介入叙利亚战争之后，俄罗斯在拉塔基亚附近的巴西勒·阿萨德机场附近设立临时的赫梅米姆空军基地。俄罗斯获得了第二个军事基地：赫梅米姆（Hmeimim）新空军基地。这个基地位于叙利亚的一个风景优美的著名港口拉塔基亚港，所以我们也可以方便地称其为拉塔基亚军事基地。俄空天军应叙方请求驻扎在其境内，部署在拉塔基亚省的赫梅米姆机场。按照双方协议，该机场的基础设施免费提供给俄方使用，俄驻叙空天军力量的构成由双方磋商决定。赫梅米姆明空军基地距塔尔图斯港50公里，为满足作战需要，在不到一个月的时间内，俄工程兵完成了对拉塔基亚机场的全面整修，还在短短两周内建成数十座战场基础设施，包括加油站、物资仓库、野外补给站，可供数千名士兵使用。俄军快速建成了几十座战地基础设施，在建设基地之初，俄罗斯就使用了伊尔-76MD、安-124-100、图-154B-2和图-154M飞机。仅在准备建设基地的过程中，运输航空兵就飞行了280架次，运输了13750吨货物，其中包括装备、设备和食品。部署在叙利亚赫梅米姆空军基地的俄空天军远征部队的主战装备包括："苏-24M2"和"苏-34"战斗轰炸机、"苏-25SM""苏-27SM3"强击机、"苏-30SM"和"苏-35S"多用途战斗机、"米-8P"、"米-24P"、"米-35M"、"米-28N"和"卡-52"直升机。用作辅助装备的是米-8AMTSH、安-72飞机、无人机、伊尔-22M侦察机和A-50预警机等。基地有3000名左右的军人，具有非常严密的安保措施，特种部队守护关键设施，米-24武装直升机进行定期巡逻，"铠甲"防空系统部署在机场外围。

俄罗斯在位于拉塔基亚的基地内部署了多辆卡车、7辆T-90坦克、15辆配火炮的BTR-82A装甲人员输送车和其他35辆装甲输送车，房屋可容纳1500人驻扎，来自俄军第810陆战旅和第336独立近卫陆战旅的士兵驻扎在这里。基地驻扎的人员中包括了大约500名海军陆战队人员，以保护设备和维修飞机，包括飞行员、机组人员和后勤人员（如图2-3、图2-4）。

图2-3

图2-4

俄罗斯国防部负责后勤装备的副部长德米特里·布尔加科夫表示，2016 年，赫梅米姆空军基地已建成 3 个食堂、1 个燃料补给中心、2 个固定浴所、1 个被服库、1 个粮食库和冷藏库，运输机和直升机停机坪也已投入使用。为在塔尔图斯部署 S-300 防空导弹营，已建成配备所需基础设施的军事区。

军事基地作为作战保障的重要依托，为保障国家利益的需要，不仅战时离不了，战后仍然需要持续维持。2016 年 3 月 14 日，普京突然宣布撤军，前期担任作战任务的飞机陆续撤出叙利亚，但俄军保留了对机场的使用权，S-400 防空导弹系统也将继续屏护叙利亚的天空。俄罗斯的"撤军"没显露多少征候，颇具特立独行之风。其实，作为俄罗斯在中东的重要战略支撑点，俄罗斯撤军之余，已经为自己留了后手。实际上，此次撤军，俄军方只是将大部分战斗机撤回国内，而打击"伊斯兰国"和"胜利阵线"的军事行动将继续。而设在拉塔基亚的空军基地，以及设在塔尔图斯的海军保障基地，则以"监督停火实施情况"以及"对塔尔图斯和赫梅米姆军事基地实施陆海空防卫"为由保留下来，并将从海、陆、空三方面加以保护。借助于基地，俄罗斯可监控整个中东及北约舰船活动的地中海中部。其中，俄罗斯保留赫梅米姆空军基地是最重大的成果。根据官方声明，S-400 防空导弹系统、部分战斗机、空中侦察机将留在那里，还有俄舰艇群将留在叙利亚海岸。也就是说俄从叙利亚撤出主要力量后，俄驻叙基地还将保留约 1800 人左右。俄罗斯曾通过里海的军舰向叙利亚境内目标发射巡航导弹，向世界表明：即使不向叙利亚增派兵力，俄罗斯同样有能力对叙境内的组织实施军事打击。据俄战略评估研究所专家科诺瓦洛夫认为，在塔尔图斯基地及赫梅米姆空军基地的支持下，"俄战斗机只需要1.5分钟就能抵达特拉维夫，10分钟就能抵达土耳其，20分钟就能抵达罗马，30分钟就能抵达直布罗陀。"这将使俄罗斯具备在短时间内在叙利亚及周边区域组织军事打击的能力。同时，俄罗斯方面还表示将继续履行向叙利亚政府供应武器与军事设备以及训练军事专家的义务。由于盘踞在叙利亚境内的"伊斯兰国"等恐怖组织短期内难以清除，受到叙政府合法邀请、有联合国授权的俄罗斯军队就理所应当地在叙利亚保留，并给予政府军大量的军事援助。一旦日内瓦和谈事态失控，普京可以视局势发展，重新加大在叙利亚的军事部署，来逼迫西方及逊尼派势力达成利益交换。

拉塔基亚赫梅米姆空军基地和塔尔图斯军港像俄罗斯安插在中东的楔子一样，撑起了叙利亚局势，俄罗斯进退自如，叙利亚则支撑着俄罗斯在中东和地中海的地缘布局，中东和地中海支撑起"俄罗斯大欧亚"（Eurasia）战略，最终撬动与美国在世界大棋局上的博弈。

2019年4月21日电，俄罗斯副总理尤里·鲍里索夫在结束与叙利亚总统巴沙尔·阿萨德的会谈之后宣布，俄将租用叙利亚塔尔图斯港49年。他说，租用塔尔图斯港的决定是在2018年12月举行的两国政府间委员会会议上做出的，希望此举能扩大双边贸易额，推动叙利亚经济发展。2016年10月，俄国防部宣布打算在叙利亚塔尔图斯港建立永久性海军基地。2017年，莫斯科和大马士革签署了关于俄海军在塔尔图斯港部署物资技术保障点49年的协议，规定可以有11艘俄罗斯军舰（包括核动力军舰）在塔尔图斯港同时驻留，协议可自动展期25年。

2.4 野战军需行动

俄罗斯国防部副部长德米特里·布尔加科夫大将特别强调，俄军在短短几天内就在叙利亚全面展开了物资技术保障系统。他说："我们在叙利亚的官兵居住在集装箱型模块化构件中。世界上其他国家无一能够高效地在境外为人员创造这样舒适的居住条件。"他说，"目前在叙利亚的俄罗斯军人能够洗澡，每天按飞行、技术和诸兵种标准提供三顿热餐，并组织购物和日常生活服务及其他服务。"

俄军认为，没有后勤就没有胜利，高强度的作战依靠良好的后勤保障，才能发挥更大的战斗力。在叙利亚作战中，俄军高度重视生活保障，加强作战后勤组织和保障，确保部队住得好、吃得好、休闲好，让官兵感到祖国记得他们。

俄罗斯国防部表示，我们为俄军顺利完成任务创造了所有条件，赫梅米姆基地配备了机场工程、机场技术和其他保障系统。短期内建成了几十座战地基础设施，包括加油站、物资仓库、野战补给点等。据俄罗斯"独立"电视台记者前往驻叙杰拜勒空军基地采访视频报道，俄军驻叙基地最大特点是生活条件舒适。

在服装方面，在叙执行任务的俄军官兵配备了针对炎热气候设计的新型沙漠色作训服，包括鸭舌帽、野战帽、两双袜子、两件T恤、高筒作战靴和一套沙漠色作战服。野战帽的设计专门为脖子提供防晒保护，对于经常在强烈阳光下工作数小时的技术保障人员来说尤为有效。同时，还配发了短裤，更加适应炎热作战环境条件（如图2-5、图2-6）。

图2-5

图2-6

在饮食方面，根据热量消耗情况制定飞行员、技术人员和其他人员三类伙食标准，并定期调整食谱，菜品丰富、美味多样，每餐都有水果。报道称，食堂是一个巨大的白色帐篷。据一位厨师说，这里可以供 3000 人用餐。食堂后面是几十个烧柴油的野战厨房，配备了 KP-130 炊事车，能提供的食品包括罐头焖肉、鸡肉、红菜汤、沙拉、油炸馅饼和面包。基地里还有专门烤面包的野战厨房——每天烘烤成吨的面包。俄军在饮食和医疗保障上也考虑得十分周全，每天甚至有充足的冰激凌供应给指战员，为他们在前线冲锋陷阵奠定了坚实的后勤保障基础（如图 2-7、图 2-8、图 2-9）。

图 2-7

图 2-8

图 2-9

在营房方面，修建模块化营房替代传统野战帐篷，既改善住宿条件，又确保营区整洁。集装箱式的营房可通过公路、铁路运输，在必要情况下也可以空运。每个宿舍内可容纳 4 ～ 6 人，内部装饰漂亮并配有一体式衣柜，同时宿舍内配备了空调。照片显示室内有一张桌子、三张床和百叶窗，像特快列车包厢，还有洗衣机和熨斗。生活所需一应俱全，营房旁是浴室，服务员讲，这里每小时能容纳 10 人洗澡。如图 2-10 ～图 2-13 所示。

图 2-10

图 2-11

图 2-12

图 2-13

在生活方面，在中东地区，水资源弥足珍贵，所以确保水供给十分不易，而俄基地无论是饮用水还是其他用水都很充足，也有提供冷热水的饮水机。模块化宿舍旁设有数排沐浴室和洗衣房，而且没有使用次数的限制。为确保基地官兵的健康和生命安全，卫生人员负责监督烹制过程，加强食品安全检验。同时，俄军重视心理疏导，设立图书室、健身房、台球室、游泳池、心理疏导室和教堂，配属心理医生和牧师，并组织文艺团体赴基地慰问等。

按照俄军国防部长绍伊古批准的 2020 年前工作计划，俄军物资技术保障体系正在抓紧进行换装，目前现代化技术设备装备率为 60%，两年后将提高到 70%。当今，俄国内所有训练场都设有自主野战营地，可容纳 1 个营即 500 人。根据训练承载规模，野战营地设置数量不一，有的 5 个，有的 2 个或 3 个。营地里设施齐全，从自主照明、空调、食堂一直到排水系统，应有尽有，部队已经不用像以前那样带着帐篷前往参训了。就连 1 万公里之外的叙利亚赫梅米姆空军基地，也建立了一座座模块化宿舍，基地里有固定式洗衣间、面包房、净水站、军人商店，官兵们还可以享用俄本国食材制作的食品，既方便了官兵生活，也便于反恐作战。

2.5 弹药及油料保障行动

弹药是一次性使用的装备，是作战行动得以实施的前提和基础，直接影响战争的进程。信息化条件下的作战，弹药保障作为保障领域的重要活动，事关战争的结局和成败。俄罗斯在叙利亚军事行动开始前、进行中和撤军后，持续不断地进行了弹药保障行动。据报道叙利亚军事行动准备和进行中，俄军向叙利亚投送了约 71 万吨的弹药、油料和食品等物资。

俄军在叙利亚行动中注重了作战费效比，合理搭配使用各种弹药。对于打击对象的指挥所、弹药库等固定目标多使用KAB-250、KAB-500

制导炸弹，对于地下坚固目标则使用KAB-1500大威力制导炸弹，对于远离平民的战术目标则使用KAB-250和KAB-500航空炸弹，而对于社情较为复杂的高价值移动目标则使用Kh-25和Kh-29空地导弹，而Kh-101、Kh-55、"口径-NK"及"口径-PL""口径-HK"、"口径3M114E"巡航导弹，则主要对远距离高价值固定目标实施精确打击。2015年10月7日上午，俄里海舰队的4艘军舰针对叙利亚境内的11处目标，发射了26枚"口径-HK"巡航导弹，摧毁了敌人的指挥所、军火库、大批军备及恐怖分子训练营。俄国防部长绍伊古向总统普京报告说："攻击结果展示了俄远程导弹的高效性"。"口径-HK"属于远距离巡航导弹，其前身是"石榴石"3M-10导弹，与美国的"战斧"导弹类似，是俄最机密的研究项目之一。第一次发射是2012年春天从"达吉斯坦"号护卫舰上进行的。"口径"导弹是苏联在20世纪80年代中期研发的，苏联解体后进行改进，投射距离大大超过美国"战斧"式导弹，可以达到2600千米。"口径"导弹最初定位为海基导弹，安装在各种水面舰只和潜艇上，现在出现了改型产品"口径-A"，配备在前线轰炸机上，也就是说，苏-35和苏-30可以安装这种导弹。"口径"导弹是多用途导弹，可以打击地面设施，也可以用于反舰。这种导弹命中准确度高，它的威力足够摧毁目标，即便目标埋藏在地下一定的深度，这种导弹也可以进行摧毁，且这种导弹携带专门的核弹头。从公开信息源看，"口径"3M-14导弹海上射程为350千米，地面射程约为1500千米，填充相关燃料后射程可达2600千米。俄军总参谋部作战总局局长卡尔塔波洛夫说"口径-HK"巡航导弹装有地形显示制导系统，误差不超过 3 米。根据俄军评估，摧毁 1 个目标平均需要 2~3 枚巡航导弹。俄军巡航导弹在航路规划时选择绕开敌方防空密集区域及平民区，从而大幅提高了导弹的生存性，降低了附带损伤。

俄空天军所使用的弹药还有：FAB-100 和 FAB-200 自由落体航弹、RBK-500-SPBE-D 箱式集束炸弹、DAB-500RMV 温压弹、BETAB-500M62 混凝土破坏弹，还试验了 SVP-24 高精度投弹系统的实战效能。以"苏-34"战斗轰炸机为例，该机以 5000 米飞行高度投掷 250 千克级非制导炸弹时，命中误差仅为 25~50 米，足以确保摧毁目标。此外，俄空天军还使用了多种高精度武器，如 Kh-25L、Kh-29 空地导弹，采用"格洛纳斯"全球卫星导航系统制导的 KAB-500S 炸弹，以及 KAB-500L 激光制导炸弹、KAB-500KR 电视制导炸弹等。Kh-29 导弹有两种型号，一种是配装激光制导的 Kh-29L，一种是配装电视制导的 Kh-29T。Kh-29L 导弹的射程为 10 千米，Kh-29T 导弹的射程可达 12 千米。两型导弹战斗部的重量均为 320 千克，主要用于打击混凝土跑道及掩蔽所等坚固目标。Kh-25 是一款多用途空地导弹，导弹的最大飞行速度为 870 米/秒，最大射程为 10 千米，战斗部重 86 千克，该导弹适用于打击建筑物密集区域内的目标，用于执行战场以及敌后的点目标清除任务。

苏-24M2 轰炸机使用的弹药除了航空炸弹、火箭弹和内置的 GSH-6-23 火炮外，还有 KH-31A、KH-31P 和 KH-59M 导弹、带红外导引系统的 KAB-500K、KAB-500L 制导炸弹、KAB-1500L 及 KAB-250 制导航空炸弹，还有 OFAB-500U 炸弹等。苏-30S 使用的广泛的是 80 毫米

S-8 型或 S-13 型火箭弹，包括聚能破片、爆轰、钻地等弹种。

在油料供应方面，为完成大量的飞机空袭任务，以及基地的正常运转，俄军完成了繁重的油料保障任务。据悉，俄国防部采购了一种"野战加油机"。这是一种充满弹性的特制贮藏袋，不装东西的时候可以装进小型集装箱里进行运输，全部展开时间不到 20 小时。专家认为，这项新发明可以降低燃料运输开支，大大提高此类装置的寿命和机动能力。目前，不光是叙利亚战场上的赫梅米姆空军基地和塔尔图斯海军基地，俄国内军用机场也开始实施集中加油机制，每个停机坪都敷设了燃油和润滑油供给线路，还安装了供飞机加氧、加氮和其他物资的电力机组，可以同时保证几十架飞机出航。地面部队也配备了加油连，可在很短的时间内为一个坦克连加注燃料。另外，俄海军从北方舰队、波罗的海舰队和黑海舰队共抽调 4 艘大型油船，担负俄在叙作战集群的油料补给任务，1 批次运送的油料可供部队使用 10 天左右。

2.6 战场搜救与医疗救护行动

战场搜救能力是现代军事力量的重要组成部分，是衡量体系作战能力的重要指标，也是凝聚军心、提振士气、激发战斗精神的重要保证，更是打赢未来信息化局部战争的重要保证。叙利亚军事行动期间，俄军也进行了战场搜救行动。2015 年 11 月 25 日在叙利亚上空执行战斗出动任务的过程中，土耳其空军一架 F-16 歼击机击落了俄罗斯空天军的一架苏-24M前线轰炸机。据推测，飞机是被装备红外制导头的近程空空导弹击落的。飞机坠落于距离叙土边境4公里的叙利亚境内上。

俄军在获知飞机失事不到15分钟就迅速确定了幸存飞行员穆拉赫京的降落地点，迅即向飞机被击落区域派出直升机展开救援行动。俄海军陆战队队员机降着陆，突进到飞行员隐藏位置，将其成功解救。整个救援行动持续12小时。救援行动的成功，极大鼓舞了俄军心士气。

另外，俄罗斯飞行员及时得到救护与其配备的救生包有很大关系。从俄军后来展示的飞行员救生包看，核心设备是自充气式无线电信标，能够让救援人员迅速锁定飞行员的位置。如果最糟糕的情况（指的是飞机被击落）发生，飞行员们至少有一个救生包可以依赖。这一救生包就装在弹射座椅的下面。打开来就能看到各种主要的内容物，其中包括一个自充气式浮阀，以应对飞行员降落后掉入水中的情况，还有一个自充气式无线电信标，让救援人员能够定位飞行员的位置。还有一支信号弹发射器，并用绳带系着一串信号弹。除此之外还有一柄巨大的救生砍刀，这柄砍刀的造型是个等腰三角形，非常奇特，从造型上来看还可以兼职作铲子（当然军事观察员觉得这个造型很像是餐具中的牛扒铲，也像砌墙时使用的劈灰刀）。除此之外还有两个白色粉末包——一包是糖，葡萄糖是能量的重要来源；另一包是盐，盐在野外有多种用途，可以鉴别毒物，也可以处理伤口，而俄罗斯记者介绍的是可以用来处理消毒生肉的功能，让飞行员可以吃肉补充体能，当然少不了的还有饮用水，如图2-14、图2-15所示。

图 2-14

图 2-15

2.7 装备维修行动

维修保障行动是保持和恢复武器装备战斗力的重要活动，是获取对敌作战优势不可或缺的重要手段。俄罗斯在叙利亚的军事行动以海空军事行动为主，陆地行动为辅，因此其维修保障行动也主要体现在空天行动方面。在战争准备阶段，随着保障基地建设的推进，维修保障人员作为先期到达人员逐步部署到叙利亚，据报道，仅在赫梅米姆空军基地就投入了近1000人参与维修保养工作。此外，俄罗斯国防部还从军事研究院、科研院所和军工厂向叙利亚调遣了工程师和科学家，根据他们的丰富理论基础和实践经验对俄罗斯部队在叙的军事武器进行概念校准和技术维修，如图2-16、图2-17所示。

图 2-16

图 2-17

总体来说，俄军由 28 架突击飞机（苏 -34、苏 -24M、苏 -25SM）组成的集团达到的作战强度系数为 1.65（每昼夜每架飞机的战斗出动数量），每昼夜平均飞行强度为 40 ～ 50 架次，达到了非常高的出动强度。这证明航空技术装备的技术状况良好，航空技术和机场技术保障分队工作质量高。

另外，俄军无人机系统费效比高，无人侦察机使用寿命全部超过了出动 100 架次的极限，其中，有些出动近 200 架次的"海雕 -10"，经过简单修理或更换发动机和电子元件后继续投入使用。俄空天军驻赫梅米姆空军基地无人机大队，日均出动无人侦察机架次 4 次，日均飞行时间达到 10 个小时。由于高强度的出动，无人侦察机操作员的平均工作时间都超过了 2000 个小时。

2.8　保障管理指挥行动

一流的保障，离不开一流的指挥体制和作战流程。信息化战争作战单元广域分布，保障任务繁杂多样，传统指挥手段难以满足现代后勤指挥需求，只有依托一体化联合指挥信息系统，才能实现后勤资源的集中指挥、高效运送、精确保障。在对"伊斯兰国"极端组织实施突袭过程中，俄罗斯自上而下形成了由总统 - 总参谋部 - 俄驻叙航空兵集群司令部组成的指挥体系，决策层次高，指挥环节少，信息流通快，确保了各级指挥机构包括后勤指挥单元能够快速应对瞬息万变的战场态势，合理有效实施保障。

俄罗斯早在数年前就投入建设的新一代指挥信息系统，在此次空袭行动中首次用于实战，有效保证了远隔千里的俄军作战和保障单元实时通联与信息交互，是确保俄军后勤指挥高效运行，保障精确到位的重要依托。

俄军对叙利亚境内的"伊斯兰国"极端组织目标展开空袭，从战略决策到开始军事行动，俄军动员速度快、打击手段多样，凸显出近年来俄军"新面貌"改革尤其是在联合作战指挥（后勤指挥）体制方面的改革成效。入叙反恐行动中，俄军充分体现了"战略筹划、战役组织、战术行动"的特点。在指挥作战方面，对"伊斯兰国"的打击，由俄联邦武装力量最高统帅普京亲自筹划、决策、定下决心，由俄武装力量总参谋部全面指挥，另外还设立了驻叙利亚航空集群司令部对战场行动实施现地指挥。作战指挥通过新组建的国防指挥中心实施指挥控制，俄国防部长多次在中心向普京总统汇报军事行动进展，并现场指挥作战。

俄罗斯国防指挥中心是"大国防"或"大保障"理念的体现，俄军以国防指挥中心作为国家安全的"超级堡垒"，打造俄国家层面的军地一体、平战结合的新型信息化联合作战保障体系。为应对传统及非传统安全挑战，强化国家统一领导，协调军地力量，在高效稳定的决策效率中实现实时指挥，俄国防部长绍伊古推行所谓"大国防计划"，将全国各个领域统合于"国防"之中，甚至囊括每一家大型企业。而国防指挥中心，堪称"大国防计划"之"大脑"。既是实现全国动员的控制器和总开关，又是平战一体的指挥机构，全天候保障俄罗斯的安全稳定。同时，俄罗斯总统作为武装力量最高统帅，其实施国防战略领导指挥的权利缺乏强有力机构的保障。而持有战时法律效力，可令各级国家机关无条件服从的国防指挥中心，将作为最高统帅部大本营，全面保障总统指挥全局。俄国防指挥中心是俄"新面貌"军事改革后构建一体化信息作战联合指挥体制的重要标志。该中心充分适应未来作战需求，具有高度的信息化技术和极强的生产能力。目前中心配备的计算机设备、数据存储总量领先美国国防部数倍，能在 1 秒钟内处理完成相当于 50 个列宁图书馆的数据，俄罗斯国防指挥中心成为了俄军当之无愧的信息化条件下联合一体作战的战略指挥机构。

俄罗斯国防指挥中心于 2014 年 12 月 1 日正式运行，地点位于莫斯科伏龙芝沿河大街，中心规模庞大、设施完备、科技感十足。和平时期，这里负责监控国家安全动态。一旦爆发大规模战争，中心"将接管整个国家"。叙利亚作战期间国防指挥中心异常忙碌，2015 年 9 月 30 日，俄军开始空袭叙利亚境内极端组织，指挥中心立刻发挥了"司令塔"职能，实时指挥着一场发生在千里之外的战争。

当我们在观看俄国防部官方发言人科纳申科夫的报告时，都会注意到这样一个细节，为了更直观讲述空天军进行空战的最新进展情况，俄国防指挥中心采取了交互式地图，图上实时显示，在何时何地对恐怖分子实施打击。然后播放歼灭大量恐怖组织装备的视频图片，一切看上去真实并且简单易懂。专家们立刻就明白，在这种直观性的背后是现代化技术设备的工作，同步扫描地面目标及传输技术的运用使得对恐怖分子进行无线电直播成为了可能。各方情报在这里汇总，作战命令又从这里发出。正如俄军事专家所说，国防信息中心的鲜明特色就是管控信息流、生成信息资源、实时维护情报数据库。2015 年 11 月 17 日，普京在此听取有关叙利亚作战行动的汇报，其中也包括远在地中海执行任务的"莫斯科"号导弹巡洋舰舰长阿列克谢·列昂尼德上校的作战任务汇报。通过远程视频连线，普京直接向列昂尼德舰长传达了与法国海军"建立直接联系并加强合作"的任务指示。而在此前俄海军就建立了由塔尔图斯－塞瓦斯托波尔－罗斯托夫－伏尔加格勒－莫斯科的通讯信道。

在国防指挥中心指挥协调下，俄军动用空天军的前线航空兵、军事运输航空兵、远程航空兵、无人机部队、天基侦察力量以及部分陆、海军部队，并协调国内军工企业为前线昼夜生产导弹。入叙作战部队机动部署了"综合机动指挥方舱"，组建了境内境外、战略战术一体联动的指挥系统，对部分战术行动和后勤保障实行直接指挥。俄军此次作战指挥既实现了军区、军兵种和中央指挥机关指挥人员的联合，又依托新型指挥系统实现了俄叙两军的联合，成功开创俄军海外遂行联合作战任务的新指挥模式。

2015 年 9 月俄开始在叙军事行动以前，俄军总参谋部在搭建指挥班子的同时，第一时间开始架设前方指挥所。截至开战前，俄军从本土向叙杰拜勒空军基地空运了数十间模块化房屋和数套新一代数字化指挥通信设备，快速高效地完成了前方指挥所的部署任务。通过新型指挥通信系统，该指挥所在历时 5 个月的作战行动中始终与位于莫斯科的国家防务指挥中心保持加密实时音视频通联，以便俄军高层第一时间掌握战况、指导作战行动。从后勤视角看，俄军在叙利亚的特种行动中保障全面到位，从快速展开到结束撤兵干脆利索，后勤保障灵敏、全面、协调，可见"新面貌"

后勤改革已同步开花结果，打仗型后勤指挥体系悄然成形，并在战争中经受了实战考验。作战过程中，俄军指挥员善于把握时机，在主要方向和关键时节打击敌关键目标，并利用多种手段精确感知物资耗损和人员伤亡情况。如入叙俄军部队通过携带"综合机动指挥方舱"，在前线快速搭建成"兵力与装备统一指挥控制系统"，构建"侦察—打击—评估"的一体平台。俄军认为，该指挥系统将部队的战斗力提高 1~1.5 倍，指挥周期缩短 80%，弹药消耗减少 15%。

高效的指挥管理离不开全面及时准确的信息获取。现代情报战对抗形式的多样性，侦察手段的综合性，作战范围的广阔性都得到了前所未有的拓展。随着现代科技的高速发展，先进情报侦察装备对未来情报战线斗争的影响日趋重要，信息化侦察的重要性被凸显出来，这一点在叙利亚战场上尤为突出。战争伊始，俄罗斯就投入大量资源进行信息权的控制，其中，空军情报侦察卫星和空中侦察飞机是两个重要的支点。

2015 年 11 月 17 日，俄罗斯武装力量总参谋长格拉西莫夫在俄罗斯国防指挥中心叙利亚空袭行动汇报会议上表示："共有 10 颗不同类型的太空卫星参与了侦察工作，其中包括部分民用卫星。为了确保对叙利亚领土的定期侦察，部分卫星修正了规定和角度。"根据会议大屏幕显示，共有五种类型的卫星在使用，可以确认的包括 Bars-M "猎豹"光学成像侦察卫星、Lotos-S "莲花"电子情报卫星、Persona "角色"高分辨率光学成像侦察卫星、Garpun "鱼叉"数据中继卫星和 Resurs-P "资源"遥感卫星。除此之外，俄罗斯还广泛使用了第二代"射线"民用数据中继卫星、

"格洛纳斯"全球卫星导航系统、"箭"系列军用通信卫星等其他军民卫星系统参与战场侦察任务。这些卫星以电子侦察卫星、光学观测卫星、遥感卫星等为主，根据性能，有明确的分工。以侦察卫星为例，"琥珀"-4K2系列卫星负责对叙利亚全境进行大范围扫描，并制成数字地图产品供部队使用。对于普查中发现的可疑地区或首要打击目标可调用同为琥珀系列的详查卫星进行精确测绘。

针对恐怖分子较为分散，流动性、随机性较强的特点，需要着重了解目标当前状态信息，例如位置、运动参数、身份和类型等。尽管俄罗斯无人机发展相对滞后，既缺乏向"全球鹰"那样的高空长航时无人机，又缺乏像"捕食者"甚至"死神"这种察打一体无人机。但通过有人与无人机的搭配，俄军在前线侦察作业中取得了良好效果，在叙利亚低空构建了有效的侦察监控网络，为军事行动提供了精确的情报信息。俄军在叙利亚行动中主要使用的无人机是近年来装备的国产型号"副翼"-3SV、"海雕"-10无人机等，以及采购自以色列的"搜索者Mk2""鸟眼400"无人机等。

另外，俄军还运用了空军的电子侦察飞机，海军的侦察船进行情报信息搜集和处理。俄罗斯国产"格洛纳斯"全球定位导航系统目前覆盖了全球，覆盖精度约为3到5米，可与GPS数据比高低。俄副总理罗戈津称，目前"格洛纳斯"在轨航天器有28个，其中24个处于作战值班，4个作为在轨储备。地面有9个航天器作为备份，随时准备好发射入轨。俄"格洛纳斯"研发部门说，"格洛纳斯"的精确度到2020年应该达到0.6

米，该系统拟在 2015 年年底或 2016 年年初交付俄国防部使用。

为进一步增强空间作战力量，俄罗斯还有使用备用卫星和发射新卫星的计划。2015 年 12 月，第二颗 Garpun 中继卫星发射入轨。2016 年 3 月，第二颗 Bars-M 光学成像侦察卫星发射入轨，同年，第三颗 Resurs-P 遥感卫星发射入轨。由此，俄罗斯空间侦察系统进一步增强。虽然俄无人机滞空时间不是太长，但可以通过数量优势弥补短板，执行补充侦察、提供偏远地区情报信息。

为了进一步进行情报交流，俄罗斯还和叙利亚、伊朗、伊拉克在巴格达建立了打击"伊斯兰国"的协调中心，搜集并分析有关极端组织"伊斯兰国"的情报。与此同时，俄罗斯国防部与叙利亚政界和爱国反对派武装始终保持接触，定期从后者获得关于已查明的恐怖分子目标的补充情报。在从叙利亚撤军前，俄罗斯空天军的航空集团主力部队根据叙利亚反对派提供的情报，大约消灭了 20% 的恐怖分子目标。

2.9　保障防卫行动

防卫生存能力是保障能力持续有效发挥的重要保证。现代战争条件下，体系化作战特点更为突出，保障能力作为体系作战能力的重要方面，成为战斗力的重要支撑，也成为对手打击摧毁的重点。

随着俄罗斯加大在叙利亚的军事存在，"伊斯兰国"武装分子也将目光聚焦到了俄罗斯位于拉塔基亚的俄军基地，网上曾有一段视频显示，

"伊斯兰国"武装人员一次在山区装载并发射了多枚火箭弹，他们声称目标是拉塔基亚市附近的机场，他们警告称"俄罗斯人在叙利亚的日子不会太平"，叙反对派发言人称，"伊斯兰国"组织对拉塔基亚进行了两轮火箭弹袭击，目标是以这座机场为基地的俄罗斯战机。2017 年 12 月 31 日，叙利亚叛军炮击了俄罗斯位于拉塔基亚的赫梅米姆空军基地，造成至少有 4 架苏－24 轰炸机、2 架苏－35 战机和 1 架安－72 运输机以及一个弹药库被炮击摧毁。另据报道，自 2018 年 1 月以来，俄罗斯驻叙利亚赫梅米姆空军基地多次发生小型无人机逼近事件，这些无人机均被俄军击落或俘获。俄方勘查显示，上述无人机来自叙政府军与极端组织交火区或叙反对派武装控制区。2018 年 1 月 5 日晚，叙利亚境内的武装分子首次利用载有爆炸物的攻击型无人机对俄罗斯的两大军事基地展开集群式攻击，只不过所有无人机均被俄军击落或控制，没有造成损失。据俄国防部通报，2018 年 1 月 5 日至 6 日，13 架满载炸药的无人机对俄罗斯驻叙利亚塔尔图斯及赫梅米姆军事基地发动攻击。5 日晚，俄罗斯驻叙利亚部队的防空系统发现有 13 架小型空中目标向俄罗斯军事基地靠近，其中 10 架飞向赫梅米姆基地，3 架飞向塔尔图斯基地。这些无人机从离俄军事基地大约 50 千米外的地方起飞。7 架无人机被俄军防空火炮击落，6 架无人机被俄军方控制，其中 3 架迫降在俄罗斯军队控制的地区，另外 3 架在迫降时爆炸。这 13 架无人机装载有爆炸物，都配备了气压传感器和升降舵，而且在飞行过程中使用GPS导航技术。无人机装载的爆炸物使用的引信并非来自叙利亚，而是其他国家。对截获的无人机进行的技术分析表明，武装分子甚至可以在 100 千米外放飞此类无人机，俄军方已通过从无人机上获取的数据确定了无人机起飞的准确地点。俄国防部发表声明称，恐怖分子掌握的新攻击办法只可能来自于那些掌握了先进卫星导航和远程遥控投送技术的国家。

俄罗斯卫星通讯社 2019 年 5 月 7 日报道，驻叙利亚的俄军赫梅米姆空军基地再次遭到了伊德利普省境内武装分子的袭击，武装分子组织分 2 次对赫梅米姆空军基地倾泻了 36 枚火箭弹，而且在打击过程中，武装组织还出动了小型无人机对弹着点进行校准。不过，由于火箭弹本身不具有指导能力，也没有任何控制系统来调整姿态，所以精度非常差。即使是出动的小型无人机，也没有达到预期的打击效果。36 枚火箭弹没有造成俄军人员和财产损失，只有部分物资损失。值得注意的是这已经不是该基地第一次遭遇袭击。在此之前，恐怖分子曾在一个月内先后 12 次试图使用火箭弹和无人机袭击该基地，但均被俄军击退。

俄军远离本土作战，战场情况复杂，距俄基地数十公里外就有极端组织活动。为此，俄军部署 1 个陆军加强营战术群，重点对杰拜勒空军基地及其附近后勤设施实施警戒；部署 1 个海军陆战分队，负责守卫塔尔图斯港；黑海舰队"莫斯科"号导弹巡洋舰编队位于地中海靠近叙部署，担负海上防卫及防空任务；波罗的海舰队 1 艘电子侦察船执行水下侦察任务；空降兵第 7 近卫山地空降突击师派出少量人员，担负驻叙军事设施和人员的机动警戒任务。

为了保护驻扎在叙利亚的人员和装备，俄军从本土空运多套

S-300V4、"山毛榉-M2"、S-400"凯旋"以及"铠甲-S1"防空导弹系统进行前线部署。俄国防部发言人科纳申科夫称,这些防空系统旨在为俄空天军和海军部队遂行作战任务提供安全的空域环境。俄海军"光荣"级导弹巡洋舰装备有"堡垒"防空系统,可保障叙利亚沿岸及塔尔图斯港的后勤保障供应。

留驻赫梅米姆空军基地的混合航空集团是1个苏-24M轰炸机大队,8架歼击机(苏-30SM和苏-35各4架)。在此之前由米-8、米-24和米-35组成的直升机集团得到了最新的米-28H和卡-52武装直升机的加强。包括S-400防空导弹系统和"铠甲-S1"弹炮合一防空系统在内的防空兵力和装备全部留下。普京指出,"我们与美方建立了空中意外事件通报机制,并在有效运转,但我们的伙伴们都被预先告知并明白:我们将对被我们认为对俄军构成威胁的任何目标使用防空系统。我想强调一下:对任何目标"。

俄罗斯在叙利亚的拉塔基亚基地部署了大约两个混成航空兵团、50余架战机,形成了前方空军基地,可以完成侦察、定点打击和常规打击等多项任务,加上地面保护部队,军人总数达1500~2000人,基地外围还有S-300式地空导弹系统和"铠甲"-S1近程防空系统。

俄军在叙利亚行动的现阶段,一项重要任务是监督遵守停火协议,为叙利亚国内政治对话创造条件。为此,补充展开了侦察手段,包括将俄罗斯无人机数量增加到了70架。

3 叙利亚战争俄军法律法规建设运用

境外出兵作战，既要严格依照国际法准则行动，又要基于国内法律法规程序为基础，占据法理优势，并保持行动的合理性、合法性和道义准则，这是目前国外用兵不得不考虑的重要因素。俄罗斯在叙利亚的军事行动，严格遵守了并合理运用了国际法和相关国家的合作关系，也获得了国内相关法律法规的有力支撑。

3.1 国际法准则

在国际法准则方面，俄罗斯按照国际法准则和国家间的军事力量运用与协助规则进行活动。

首先在出兵叙利亚方面，做到依法行事。叙利亚危机爆发后，俄始终强调应严格依照国际法，在联合国框架内解决叙利亚问题。2015 年 8 月 6 日，俄罗斯强力部门代表与叙利亚同行在莫斯科召开了打击恐怖主义会议。叙方转交了巴沙尔·阿萨德关于对在打击恐怖集团的斗争中向政府军提供军事援助的正式请求。在此之前，恐怖集团的非法武装已经占领了叙利亚 80% 的领土，包括首都的部分地区，用迫击炮轰击了俄罗斯大使馆。叙利亚政权被极端伊斯兰分子完全夺取和建立威胁全世界的恐怖的"哈里发政权"的前景越来越现实。2015 年 8 月 26 日，俄叙双方在大马士革签署了《俄罗斯联邦和叙利亚阿拉伯共和国关于俄罗斯联邦武装力量航空部队在叙利亚阿拉伯共和国境内部署的协议》。协议规定允许俄方无限期无偿使用赫梅米姆机场及其全部基础设施和拉塔基亚省的毗邻区域，用于驻扎航空集团，后者编成由俄罗斯确定。航空集团和俄罗斯军人拥有豁免权和治外法权，无须履行海关和边防检查程序，俄罗斯独立制定航空集团作战使用及与叙当局的协同计划。开战之后，俄反复强调是根据叙合法政权的请求出兵叙利亚，俄是"唯一在叙合法开展行动的国家"。叙总统办公室也发表声明证实，巴沙尔曾致信普京，请求俄方向叙利亚提供军事援助，其中包括向叙利亚派遣空中打击力量。相比美国和西方国家既无联合国的批准，又无叙合法政府的请求，却公然侵犯叙利亚主权，俄占据明显的法理优势。俄罗斯的军事行动，不仅打赢了军事仗，还过了政治关。俄罗斯在道义上打击恐怖主义，在规范上应叙利亚政府之邀出兵并实时撤军，在行为上联合区域大国主导和平进程，展现了强大的军事实力和外交策略。

其次，在处理周边国家关系上，密切协调沟通。俄罗斯在叙利亚的军事行动需要大量的作战资源支撑，需要大量的军事装备和人员的投送和持续支持。为此，俄罗斯与叙利亚周边的土耳其、伊拉克、伊朗等国加强合作，促使这些国家为俄罗斯军事运输、军事打击提供空中，海上甚至陆上通道，并且共同推出了推动叙利亚问题和解的"阿斯塔纳会谈"，联合多方力量寻求建设性解决方案，将叙利亚危机的发展轨迹由多方武装冲突转变为所有力量愿意参加的政治对话。积极修复土俄关系，土耳其总统埃尔多安在挫败国内政变后亲赴俄罗斯道歉，同意帮助反对派武装从阿勒颇撤出，并在叙利亚问题上与俄罗斯加强协调。

三是，加强情报信息沟通，为打击恐怖主义组织提供有力支撑。2015年9月30日，由俄罗斯、伊朗、伊拉克和叙利亚代表组成的协调委员会国际情报中心在巴格达开始运转，该中心还能对中东当前反恐信息进行收集处理及综合分析，确保多边合作顺利开展。此外，为了防止意外事件的发生，建立了与驻伊美军司令部、土耳其国防部、以色列总参谋部的直接联络线路。2015年9月21日，在以色列总理内塔尼亚胡紧急访俄过程中，俄以两国总参谋长瓦列里·格拉西莫夫和加迪·埃森科特举行了会晤。内塔尼亚胡自己介绍了访问和会晤的目的："我的目的是防止发生以色列国防军与俄罗斯军队之间互不了解的情况。"他说，他与普京总统"就此类情况预防机制已经谈妥"。2015年10月19日，俄罗斯国防部和美国国防部签署了《关于在叙利亚行动过程中防止意外事件和保障飞机飞行的备忘录》。该文件对有人驾驶和无人驾驶飞行器在叙利亚空域的行动做出了规定，目的是防止俄美两国飞机之间发生不良事件。在俄罗斯和美国的相应军事指挥机构之间组织了全昼夜作战通信信道，确定了协同机制，包括在发生危机事态时相互提供帮助。美国人有义务将协同一致的规则通知其所领导的联盟的全部成员。

3.2 国家军事法规

在国内法律法规方面，严格按照国内立法程序启动境外出兵。俄联邦的军事法规体系是俄联邦国家法律体系的重要组成部分，是俄联邦国防和武装力量建设、活动和管理的法律依据，是确立俄联邦武装力量军事指挥机关、部队主管人员和军人职责、权利及其相互关系的规范和准则。俄法律对境外使用武装力量的条件和程序有严格规定。2008 年俄格冲突期间俄未按国内法律程序出兵，曾遭到美国、西方和国内反对派的强烈谴责。此次入叙，俄根据《国防法》关于"应其他国家对俄联邦的请求抗击或预防针对该国的武装进攻"的条件做出境外用兵决定，并严格按照该法规定的"总统首先向联邦委员会提交申请，后者再审议批准"的程序，使美西方和反对派从法理上再也无法挑剔。2015 年 9 月 30 日，俄罗斯联邦委员会批准了弗拉季米尔·普京总统关于在境外使用俄罗斯联邦武装力量的请求。几小时后，俄罗斯飞机就对叙利亚霍姆斯省的恐怖分子目标进行了第一波打击。据俄罗斯国防部通报，飞机轰炸了武器弹药库、油料库、装甲技术兵器、指挥所、"伊斯兰国"非法武装的运输工具。与位于山区的恐怖武装的指挥所和指挥部一样，这些目标被全部摧毁。

在国家层面，俄罗斯出台多项法律，形成了系统的俄联邦军事法规体系。总体来说大致分为 11 个方面，主要包括：基本法类，这类法律法规是调整国防和武装力量建设基本社会关系的法律规范的总称。主要有《俄联邦宪法》《俄联邦国家安全构想》《俄联邦军事学说》《国防法》《俄联邦信息安全学说》等；国防和军事组织机构法类，这类法律法规是规定国防和军事组织职责、权限、体制等法律法规的总称，是国防和军事组织活动的法律依据。主要有《俄联邦安全会议条令》《俄联邦国防部条令》《俄联邦武装力量总参谋部条例》《俄联邦武装力量军区条例》等；军事后勤与经济法类，这类法律法规是规定后勤保障和调整经济活动中所发生的社会关系的法律法规的总称，是进行军事后勤和经济工作的法律依据，主要有《国防订货法》《俄联邦国防工业军转民法》《俄联邦武装力量评审供给保障条例》等；战时和紧急状态法类，这类法律法规是国家进入战争状态和其他紧急状态时和实施一系列特别措施的法律法规的总称，是国家认定此状态下实施特别管制的法律依据。主要有《战时状态法》《紧急状态法》《反恐怖主义斗争法》等；国际军事交往与军事斗争法类，这类法律法规是规定对外军事关系的法律规范的总称，是国家开展军事交往和军事斗争的法律依据。主要有《对外情报法》《对外军事技术核准委员会条例》《军事贸易条例》等。《国防法》赋予了总统的权利包括：当俄联邦受到侵略或面临直接入侵威胁或爆发针对俄联邦的武装冲突时宣布总动员或局部动员；批准俄联邦、联邦主体国家政权机关、地方自治机关和国家经济转入战时体制的计划，批准建立国家重要动员物资储备的计划和在俄境内构筑国防设施的联邦国家计划；批准武器装备和国防工业综合体发展的联邦国家计划。发布《俄联邦武装力量使用计划》、《俄联邦转入战时计划》《俄联邦国土战场建设计划》等。《俄联邦动员准备与动员法》规定总统有权确定俄联邦动员准备与动员的目的与任务；颁布动员准备与动员方面的规范性法令；保障国家政权机关在动员准备和动员工作中协调发挥职能与相互配合；确定俄联邦动员准备年度报告程序；就动员准备与动员领域合作问题进行谈判，并签署国际条约；确立国家政权机关、地方自治机关和组织机构在动员期间和战时的工作制度；确定在动员期间和战时对预备役以及在国家政权机关、地方自治机关和组织机构中工作的公民实施缓征的工作程序；授权公民或特定范围的公民享受缓征等。

3.3 军队及后装保障法规

在后勤和装备保障体系建设方面，此次叙利亚军事行动俄军后勤和装备保障体系效能的发挥与俄军的新面貌军事改革的成果息息相关，可以说是其改革成果的一次完美亮相。为建设部队联合一体的后装备保障体系，俄军也进行了法规制度的改革、探索和系统建设。1998 年，俄制订了《2005 年前俄罗斯联邦军队建设国家政策基础》，指出："保障军事组织分阶段向统一的军事后勤保障系统过渡，通过采用现代市场机制、招标采购物资、实现物资供应标准化和通用化，提高后勤保障系统的质量水平……，综合利用各部门现有的技术、后勤、干部和其他资源，为所拥有的部队的联邦部委提供保障……"，颁布实施了关于建立统一的军人服务社系统和军队商业国有单一制企业的联邦政府令。为了做好国家强力部门统一的后勤保障系统建立的组织和准备工作，成立了跨部门工作组，并成立俄联邦武装力量、其他部队和机构跨部门统一的后勤保障系统筹备工作组。2000 年 9 月，俄联邦安全会议通过了向跨部门统一的后勤保障系统过渡的决定，制订了《武装力量、其他部队和机构向跨部门统一的后勤保障系统过渡的主要措施计划》。该计划得到总统批准，并于 2002 年 2 月19 日以俄罗斯联邦政府 212-P 号政府令版本实施。2001 年出台了《俄联邦武装力量后勤军事技术政策构想》，该文件明确了后勤技术装备可持续发展的目标、原则、任务、重点和措施。2003 年，在俄联邦武装力量后勤成立了俄联邦武装力量与其他部队和机构协调处，就联合后勤保障问题进行协调。就所有部队后勤保障程序问题制订了联合指导性文件和标准性文件，包括 5 个联合命令和 2 个政府命令。2007 年，俄罗斯批准了《联邦武器、军事装备、特种装备和物资供应署条例》，2006 年批准了《优化武装力量和其他部队军事运输系统和武装力量卫勤保障系统的联合措施计划》等法规。到 2010 年年底，俄武装力量统一的物资技术保障系统基本建成。俄军新建立的物资技术保障系统是一个始自中央机关、止于战术层次的统一体系。该系统包含 3 级垂直指挥机构：中央层面、军兵种和军区层面、兵团和部队层面。为建立完善的自上而下的物资技术保障系统，几乎与中央层面改革同步，2010 年俄军各军兵种的后勤保障和技术保障机构合并重组，组建本军种的物资技术保障指挥机关，主要负责本军种的计划、协调、组织实施相关勤务保障事宜。同时，俄军在组建 4 大军区过程中也建立了军区级物资技术保障系统，与中央后勤机构改革类似，俄军撤销了分管后勤的军区副司令员职位和分管装备的军区副司令员职位，军区后勤保障机关与技术保障机关合并，新设立一名军区副司令员统管军区级物资技术保障系统。各个诸兵种合成集团军也由原来两个副职（分别负责后勤和武器装备）精简为 1 个物资技术保障助理。同时随着师改旅改革的不断深入，俄军在旅一级也建立了物资技术保障系统，旅设立旅长物资保障助理，主管物资保障工作。原有物资技术保障分队整合为物资技术保障营，由于营级部署执行各种战斗任务时，往往独立作战，不能依靠后方提供补给，需要自己携带所需的各种物资，而在团级编制撤销之后，营还履行之前团后勤的部分保障职能，因此，营级部队的物资保障系统就尤为关键。在"后技（装）合一"改革框架内，营级部队的后勤副营长、装备副营长的职位被撤销，新设立了物资技术保障副营长职位，统一管理营级作战单位的物资技术保障工作。俄军的军区（战区）仍然承担划区保障职责，因此，在叙利亚的军事行动保障，主要由西部军区承担，其他军区协助。

在保障勤务方面，俄军进行了法制化、标准化建设。

军事运输保障。在叙军事行动，俄军的远程投送能力获得了各方的认可和高度评价。俄军改革也将保障军队运输工作进行了规范。根据《国防法》，俄联邦国防部被赋予组织和保障武装力量，并按规定组织和保障其他部队和机构进行公路、铁路、海上、江河和空中运输的职能。该职能在 2004 年批准的《俄联邦国防部条例》中得到了明确。条例规定，"俄联邦国防部负责组织武装力量，并按规定程序组织其他部队和机构的公路、铁路、海上、江河和空中运输等军事运输工作"。其他部队和机构的运输保障，根据计划和武装力量后勤部长 2001 年 12 月的第 159/1Y/1700 号训令，严格按照申请组织实施。运输所产生的费用先由国防部垫付，而后再与联邦执行权力机关进行结算。军事运输计划根据相关命令制定，其中包括俄联邦国防部长、联邦特种建筑局局长、联邦铁道兵局局长、联邦政府通信与信息署署长 2002 年 10 月 19 日关于成立俄联邦武装力量与其他部队和机构联合后勤保障协调处的第 424/155/241/343/162 号命令。在俄罗斯许多地区，海运和内河水运是唯一的运输方式，为此俄罗斯国防部军事交通中央局制订了《海上和内河运输条令》，并由俄政府 2005 年 8 月 30 日第 544-36 号政府令批准。该条令确定了联邦执行权力机关在组织海上和内河军事运输中的职能、权力和义务，并明确了俄罗斯国防部在海上和内河运输中的全权代表地位。为保障武装力量的空中运输，俄罗斯国防部军事交通中央局制订了《空中军事运输条令》，并由俄联邦政府 2005 年 8 月 30 日第 543-35 政府令批准。

被装保障。俄联邦政府对武装力量军人的被装保障问题越来越重视，俄联邦自 2005 年起先后发布了第 531 号总统令《军服、军人标识符号、部门奖章》、第 390 号政府令《平时军人被装器材和洗浴洗衣服务标准》《俄联邦武装力量军人军服被服品穿用说明及武装力量被装保障》以及《武装力量被装保障指南》等文件，为武装力量被装保障勤务工作奠定了坚实基础，也保障了在各种气候条件下军人作战行动的舒适性。此外，还根据总统令制定了军人被装器材供应标准，并由联邦政府 2006 年第 390 号政府令批准。同时，部队优化和调整军人个人用被服物资和公共物品的供应标准,最大限度地满足各类军人遂行任务时对被服物资的需要。重视新面料的研制,特别是作训服和特种服装面料的研制。所用的染色剂尽量适应湿热、干燥等条件,能耐光、耐洗、耐汗,具有隐身和防侦察特性。为改善军团在地下、水下以及高温条件下执行任务时的舒适性,研制并配发了一系列轻便的服装和鞋靴。尤其是关注新型军鞋和特种鞋靴的研发,满足舒适、美观、耐用和穿着方便。为改善军人野外生活,还研发生产列装了新型三人(M-3)和四人(M-4)帐篷,专门用于野外宿营。M-10型M-30型模块式骨架帐篷采用轻重金属骨架,分别用于 10 人和 30 人小分队的野外住宿。

野战条件下人员的洗浴洗衣问题是一个非常现实的问题。为此俄被装中央局研发了新一代野战技术装备,它具有高机动性,既能保障脱离主力部队行动的分队,也能满足整个部队的需求。在研发过程中,采用了模块化设计,根据部队的实际需求来增减设备的生产能力,所有新研制的人员洗浴洗衣设备都配置在通用集装箱内。2001 年以来,研制并投入使用的设备包括 ПМТО-В 型移动技术保养车、МП-9 型机械化野战洗衣房、БПО-32 型野战浴室、ПБПО-10 型洗浴洗衣服务站和 ПБП 型生活服务站。

给养保障,主要任务是为武装力量军事指挥机关、军团、兵团、部队和机构保障给养、粮秣以及给养勤务装备和器材,按规定标准组织军人饮食保障。内容包括:制定并落实给养勤务组织动员措施;计划和采购给养;储存给养和装备器材;制定给养和装备器材的保障计划并组织供应，发放给养口粮补贴；制定给养口粮标准以及装备、器材供应标准；制定牲禽喂养标准；领导给养勤务所属企业；组织和领导给养勤务军官和专业人员训练；组织给养勤务的统计、报告和检查。主要进行的工作包括改进现有的聚合材料包括产品的质量，研制新的配方，使用植物油替代动物油。增加罐头食品中的维生素和微量元素含量，使罐头食品既能直接冷食，也能热食。保障罐头食品在各种温度、湿度条件下的储存期限不少于 36 个月，并保持食品原有的特性不变。研制和改进单兵口粮和集体口粮，使军人在使用新型单兵口粮的条件下，饮食自我保障期限由 7 天增加到 30 天。为军人其中包括山地旅军人，研制新型单兵装备和单兵口粮。提高给养勤务装备水平，为部队装备野战条件下的饮食制作和运输装备，主要包括 КПБМ-150 模块式炊事挂车、УРППК-2 饮食加热和热水器、ГУРПП-4 通用集体饮食制作和加热器、КВК-240К 方舱炊事车、КСВК-240/24 车载方舱食堂。野战面包制作装备有 ПХК-7 方舱式移动面包厂。给养和水运输装备包括 АФИ-1.3 и -3302 厢式保温车、АЦПТ-5.6-5350 保温运水车、严寒地区使用的两节履带式给养和水集装箱运输牵引车。粮食和肉品加工装备包括 КМПМ-6 模块式肉品加工车、ПМК-400 移动式碾米磨面机。

根据俄联邦政府 2005 年 12 月 29 日关于国防订货的第 825-50 号政府令，允许地方饮食企业为武装力量所属部队和单位的军人提供饮食保障。利用竞争机制，由地方饮食企业组织饮食供应。这种方式的优点在于改善了饮食质量，增加了饭菜品种，提高了就餐人员文明程度，部队人员能够专心于战斗训练。

卫勤保障，俄联邦武装力量卫勤保障系统既是军队后勤系统的组成部分，也是国家卫生系统的组成部分，负责按照俄联邦法律保护军人健康。在现代战争条件下，军人的健康和人的因素的作用在不断增强，因为部队的战斗力以及整个社会的社会保障都取决于此。因此健康问题已不再是纯医疗问题，已经成为关系国家安全和军队战斗力的一个主要因素。为此俄联邦颁布了《军人地位法》，对军事卫勤保障工作进行规范管理。另外，俄联邦国防部长 1997 年关于俄联邦武装力量人员健康保护工作的第 д-5 号训令、国防部军事卫生总局局长 1997 年关于提高军事卫生勤务在保护军人健康工作中的作用的第 дм-19 号训令和 1998 年关于军团、兵团、部队、舰艇、高等院校和机构军人健康状况报告的结构、内容及报告程序的第 дм-4 号训令以及其他法规文件，对于完成人员健康保护任务、在部队和舰艇建立快速反应机制并采取有效的应对措施，发挥了特别重要的作用。2001 年，根据国防部副部长兼武装力量后勤部长的命令，批准了《俄联邦武装力量平时卫勤保障指南》。同时，积极落实《2001-2010年军队医疗机构物质技术基础发展纲要》《2011 年俄罗斯联邦国防部治疗机构肿瘤防治发展纲要》，制定了《作战和战伤致残人员社会救助和康复纲要》，作为联邦专项纲要《2006-2010 年残疾人社会救助纲要》的子纲要，由 2006 年 12 月 29 日第 832 号联邦政府令批准。发展和完善武装力量卫勤保障系统的主要方向是：确保俄联邦国防部系统所属人员的卫勤保障保持在应有的水平；完善军队医疗卫生工作的法律基础；使武装力量卫生勤务的编成和能力与部队的任务相适应、与被保障人员的数量和结构相适应、优化国防部医疗机构网络，建立武装力量两级卫勤保障系统；构建武装力量、其他部队和机构跨部门统一的卫勤保障子系统，消除卫生勤务中间环节和重复设立的机构；做好军队医疗机构、卫生部（分）队的医疗许可证制度，把军队医疗机构改组为联邦国有机构；对联邦和部门专项纲要的落实进行监督，提高医疗物资的自我保障能力。

商业生活保障。在军队商业现有设施的基础上，建立新型军队商业企业，包括小型商品市场、咖啡馆、网吧、健身房、浴室等，为军人提供各种休闲方式，如电视、电影、音乐、卡拉OK、台球等，并根据俄联邦武装力量总参谋长批准的服务目录提供有偿服务。军人实行优惠卡制度，军人凭优惠卡可在军队商业网点享受包括购买商品在内的打折优惠服务。

维和行动保障。俄联邦军事学说指出，保持武装力量具备能够可靠地保障俄罗斯重要利益的战备水平，是武装力量的一项重要任务。俄武装力量应做好在现代及未来各种作战中积极行动的准备。维和行动内容近年有了新的变化，更多使用制裁手段，有时安理会还运用包括武力在内的"一切必要手段"，解决冲突和对和平的威胁。与大规模战争相比，维和行动的主要特点是政治目的和战术目的有限，为此动用的兵力以及行动范围有限。后勤勤务部门及分队在维和行动中的行动特点，取决于维和任务的特点以及其他一些因素，主要包括维和行动的地域距离远，后勤训练水平差别大；维和行动规模；地区的自然地理条件；后勤保障任务重，时间短；后勤勤务和分队的编成和能力有限；需要多国部队联合提供后勤保障。

军民融合保障。为规范和高效运行军民融合后装保障活动，俄罗斯颁布了多项法律法规。1991年颁布了《1992-1995年俄罗斯国防工业军转民联邦专项》、1996年颁布了《1995-1997年俄联邦国防工业综合体军转民联邦专项》、1998年俄国家杜马通过了《俄联邦国防工业综合体军转民法》、俄联邦政府出台的《1998-2000年俄联邦国防工业结构改革与军转民联邦专项》。大规模使用雇佣军或私营军事公司（ChVKs）一直是叙利亚军事行动中最具创新性的特点之一。学者们对"瓦格纳集团"和"图兰集团"进行了广泛的讨论。有三件事情是显而易见的：俄罗斯雇佣军一直在战场上发挥着重要作用，而与西方不同的是，雇佣军作为一种作战形式，将有可能成为俄罗斯军方长期以来的鲜明特征。莫斯科将大部分地面战争委托给了盟国。ChVKs以此来增强自己的力量，在一些情况下，这种力量具有决定性意义。在战役后期，他们在俄罗斯的指挥下建立的第五军团中，形成了某种形式的突击部队。和美国私营军事公司不同的是，俄罗斯雇佣军没有参与维护安全稳定的任务，而是将实际战斗作为自己的主要责任。据推测，ChVKs的战斗伤亡率是俄罗斯最高的。

部署ChVKs就像雇佣黑客行动主义者一样，是一种可以通过混杂行为者，使军事行动外包成为可能，从而以此获益而不对其行动承担责任的做法。在顿巴斯和叙利亚行动后，莫斯科控制了一个私营军事公司储备库，并通过某些手段使用雇佣兵，雇佣兵们总体上对其就业情况感到满意。对克里姆林宫来说，在俄罗斯领土上拥有这样一只庞大的军队似乎并不是一件有吸引力的选择，它可能更愿意把他们作为一支远征军队留在国外。在中东地区，该军队有两种可想见的激活方式，在战后的叙利亚，他们可以作为能源和关键基础设施重建的安全部队。如果当地局势恶化，他们可以在主要增援部队抵达前，作为快速反应部队采取行动。

而另一种作战形式可能是结合俄罗斯的需要，将军队部署在该地区的其他区域。在这种情况下，他们的身份将是某种形式的侦查人员，他们可以探索战区的作战配置、收集情报，并作为主力突击部队的前端部队。但在这两种情况下，由于后勤能力相对有限，需要与当地政府进行协调合作。

就像近几年俄罗斯的其他几项军事创新一样，这项创新似乎也是自下而上的。它的出现出人意料，但后来却被体制接纳。作为一个现象级的创新，它迫使俄罗斯战略部门在安全生态系统内通过其他方式将其组织起来。

虽然国家杜马正在起草立法，使ChVKs的法律和社会地位正规化，但试图控制该实体的利益相关方在政府内的竞争正在加剧，这反映了各部族和利益集团之间的内部斗争。

截至目前，国防部、金融稳定委员会、格鲁格集团以及有关非政府组织，都试图影响对它们有利的立法活动，并希望成为这支部队的"管理者"。

4 叙利亚战争俄军后装保障模式创新

俄罗斯军事行动后装保障呈现出了保障模式多样、保障水平高、保障效果好的特点，有效保障了境外军事行动目标的实现。

4.1 联合一体保障

作战样式决定保障模式。俄罗斯在叙利亚的军事行动具有多兵种广域分布联合行动的特性，其作战效果的达成，离不开完善的保障。此次叙利亚军事行动是俄罗斯第一次在远方战场展开的包括混合航空兵团、特种作战部队、海军陆战队、空降兵、陆军分队和防空兵力及装备（包括海基和陆基），以及物资技术保障分队等在内的跨军种集团的作战，海空天一体联合作战、混合战特点突出。与此相适应勤务保障也具有联合一体的特征。为保障联合作战行动，俄军综合运用空中输送和海上输送等多种方式，将人员、作战装备和保障物资输送到叙利亚。据俄罗斯《消息报》报道，俄国防部副部长德米特里·布尔加科夫透露，自从俄罗斯投入叙利亚反恐战争以来，俄军后勤部门即开辟了被称为"叙利亚快车"的后勤保障线，运用包括辅助舰船和汽车在内的现有交通工具，利用混合投送方式，从俄罗斯向中东输送部队、武器装备和军用物资，必要时甚至投入军事运输航空兵部队实施机动投送。自 2015 年 9 月俄罗斯空军正式介入叙利亚战争开始，俄军就开始有计划地向叙利亚运送后勤物资，起初主要是通过空运，大型运输机满载弹药等从俄罗斯本土起飞，经伊朗飞抵叙利亚基地，此后则主要是通过运输船行动。为向俄军提供及时有效的物资，俄军建立了独特的运输系统，动用所有军方和商业组织的交通运输渠道；向驻叙俄军提供装备、弹药、燃料、食品及其他物资。

4.2　远程机动保障

俄军认为，战略投送能力是保持军队行动自由的基础。俄军针对跨域作战消耗物资多、保障任务重及海空补给线长等实际，灵活运用多种保障方式，确保保障及时有效。战争准备阶段，俄罗斯进行了隐秘物资预置。将武器装备之外的非敏感物资，提前转运到驻叙基地。以军事顾问团名义，在叙部署近 2000 人的地面兵力。以正常军援和人道主义为理由，向叙境内运送主战装备、弹药，以及被装、油料、模块化营房等大量物资。以部队军演为掩护，向叙附近海域派出"莫斯科"号导弹巡洋舰为首的远洋编队，将 28 架战机和 20 架直升机隐蔽转场至杰拜勒机场。陆军装备搭乘参加地中海演习的黑海舰队大型登陆舰，经黑海、地中海到达叙塔尔图斯港。战争开始后，俄军在极短的时间内组织军队和地方运力投送了大批部队、装备和物资，并快速建立起支撑高强度作战的保障体系。俄军通过海运和空运共投送了总人数达 3500 人的作战部队，向驻叙俄军提供了 71

万吨火箭炮、弹药、燃料、食品及其他物资。这种快速部署能力受到了美军的称赞。驻欧洲美军司令本·霍杰斯中将就此说："一直令我吃惊的是什么，是其（指俄罗斯联邦武装力量）远距离、大规模迅速投送兵力和装备的能力。"美国国防部前分析家杰弗里·怀特指出："他们投送了全套东西。对我来说这是他们展开具有可观编成的远征集团的能力的证明。"美国海军分析中心一级研究员德米特里·戈伦堡说，"俄罗斯军队在提高作战强度系数和完善军种间协同方面取得的成果令人印象深刻。他们还大大提高了遂行远征行动的能力，展示了高精度武器的防区外打击能力"。

4.3 基地化保障

依托基地保障，为远离俄本土的参战部队提供了快速、高效、灵活的全方位保障，可以降低对外界能源和物资的补给需求，并能大幅减少费用开支，对于保障军队远征作战起着至关重要的作用。俄军叙利亚的军事部署主要依托塔尔图斯港海军基地和赫梅米姆空军基地。塔尔图斯海军基地始建于 1988 年，2010 年重建，是驻泊与物质技术保障基地，主要用于燃料、油料、给养和被装的补给，是俄在原苏联疆界以外国家所设的唯一的军事基地。此外，在距塔尔图斯港 50 千米，俄军快速建成了几十座战地基础设施，包括加油站、物资仓库、野外补给站。赫梅米姆空军基地是一个具有完善的指控、侦察、作战及物资技术保障系统、防空系统，可起降重型运输机和远程轰炸机的现代化航空基地。根据 2015 年 8 月俄叙签署的协议,赫梅米姆空军基地交由俄方无偿使用。自 2015 年 9 月起,俄军在该基地进行了改扩建,展开了装备加油站、仓库(含导弹和弹药储存仓库)、野战医院、野战供餐点、面包厂和洗澡洗衣系统等数十种基础设施。为了保障一线作战飞机安全起降和投入作战,俄空军调集精干的地勤保障专家,在外场起飞点建立移动营区和弹药库,就地保障和维护。叙利亚政府也派出道路、营房、供水、供电等基建队,按照俄军要求对基地进行建设。该基地原有一条 3000 米的飞机跑道,俄工程兵进驻后,又修缮了另一条 3000 米的备用跑道,以起降大型运输机和远程轰炸机。该基地建设了包括飞行员宿舍、医院、食堂、军人俱乐部、军人服务社等基础设施数万平方米,不仅为作战人员提供了良好的物质生活保障,还高效保障了俄军战机的战斗飞行。修建的模块化营房替代传统野战帐篷,既改善住宿条件,又确保营区整洁。动用模块化宿营方舱和野战炊事、供电、洗浴等先进后勤装备,为参战部队提供有力保障。为适应叙利亚炎热的沙漠气候,俄为赴叙利亚作战的全体军人配备了淡褐色轻型沙漠野战军服。同时,为保障基地作用的发挥,加强基地的防卫能力建设。将后勤防护纳入作战防卫体系一体实施,减轻后勤防卫压力。据报道,俄军驻扎的机场,外围有 S-300 远程地空导弹和铠甲型弹炮结合防护系统,由米 -35 直升机、米 -8 或米 24 直升机负责巡逻防护。部署 1 个陆军加强营战术群,对空军基地及其附近后勤设施实施警戒。部署 1 个海军陆战队,负责守卫塔尔图斯港。

4.4 军民融合保障

近年来，俄军利用国内大型企业、社会力量、地方资源保障部队训练和日常生活，并探索实践战时组织承包商保障问题，进一步扩大保障外包的范围和规模。俄军在改革中积极采取外包方式进行物资与技术保障工作，主要是两种方式：一是通过签订合同，将武器和技术装备的维修交给地方生产商负责；二是采用直接供应方案，即供应商赢得竞标后直接将所有物资器材运输到使用单位。在此次军事行动中，俄军向本土承包商外包伙食供给、基建维修、生活服务等保障工作，减轻部队后勤压力，提升保障效率。

在作战装备和物资投送方面，通过征集和购买地方运输船只，参与保障物资的前送和供应。从土耳其应急采购 8 艘二手运输船，作为海军辅助船只加入军事行动的后勤保障。从国内临时征集 10 艘民用集装箱运输船，参与军用物资运输。另外还动用民用运输机参与物资运输，每天动用安－124 大型运输机和伊尔－76 运输机飞往叙利亚，运送作战急需的被装、食品、油料等物资。俄军在赫梅米姆空军基地的部分饮食保障也由社会力量组织完成。

4.5 信息化保障

信息化战争作战单元广域分布，保障任务繁杂多样，传统指挥手段难以满足现代后勤指挥需求，只有依托一体化联合指挥信息系统，才能实现后勤资源的集中指挥、高效运送、精确保障。在对"伊斯兰国"极端组织实施突袭过程中，俄罗斯自上而下形成了由总统－总参谋部－俄驻叙航空兵集群司令部组成的指挥体系，决策层次高、指挥环节少、信息流通快，确保了各级指挥机构包括后勤指挥单元能够快速应对瞬息万变的战场态势，合理有效实施保障。作战指挥通过新组建的国家防务指挥中心实施指挥控制，俄国防部长多次在中心向总统普京汇报军事行动进展，并现场指挥作战。入叙作战部队机动部署了"综合机动指挥方舱"，组建了境内境外、战略战术一体联动的指挥系统，对部分战术行动和保障实现直接指挥。此次作战俄罗斯使用了新一代指挥信息系统，实现了战区、军兵种和中央指挥机关人员的联合。在作战过程中俄罗斯军队通过"综合机动指挥方舱"在前线迅速搭建组成"兵力与装备统一指挥控制系统"。俄军认为，该指挥系统将部队的战斗力提高了1到1.5倍，指挥周期缩短80%，弹药消耗减少15%。在此次叙利亚军事行动中，高度信息化的指挥系统，有效保证了远隔千里的俄军作战和保障单元实时通联与信息交互，形成了确保俄军后勤指挥高效运行，保障精确到位的重要依托。

4.6　联盟保障

远离本土作战，驻在国和周边国家和地区的支持，是实施保障的重要条件，此次俄罗斯军事行动获得了联盟国家的大力支持。一方面是驻在国叙利亚的支持。充分利用俄对叙民间和政府军、库尔德武装、其他爱国力量提供大量人道主义救援、军事援助的便利条件，鼓舞民众士气，争取民意支持，主动沟通协调，最大限度从叙政府和当地获得安保、水源、基建设备等服务，为驻叙任务部队提供快速高效的后勤保障。比如，拉塔基亚空军基地由俄军自行管理，但蔬菜和水果由叙利亚当局提供。2015 年 8 月 26 日，俄叙双方在大马士革签署了《俄罗斯联邦和叙利亚阿拉伯共和国关于俄罗斯联邦武装力量航空部队在叙利亚阿拉伯共和国境内部署的协议》。协议规定允许俄方无限期无偿使用赫梅米姆机场及其全部基础设施和拉塔基亚省的毗邻区域，用于驻扎航空集团，后者编成由俄罗斯确定。航空集团和俄罗斯军人拥有豁免权和治外法权，无须履行海关和边防检查程序。2016 年 8 月 9 日，俄罗斯和叙利亚两国领导人签署《关于将俄罗斯航空兵群无限期部署于拉塔基亚省》的协议，以及将位于塔尔图斯港的装备物资保障站改造成海军基地的工程规划。另一方面是周边和盟友国家的理解和支持。俄罗斯利用中东各国对叙利亚危机的负面效应的担忧，倡议建立广泛的"反恐"联盟，与中东地区一些传统友好国家进行了广泛的接触和沟通，达成了诸多秘密谅解。这些国家和地区在保障空中、海上通道和港口、机场的利用方面，为俄罗斯提供了最大程度的理解和帮助，确保了供应保障通道的安全和稳定。

5 叙利亚战争俄军后装保障存在的问题

俄军在叙利亚军事行动的成功，不仅展示了俄罗斯新军事改革的成绩，而且证明俄军战斗力近年来得到了明显提升。在看到其成功经验的同时，后装保障行动中暴露的一些问题也值得关注。

5.1 持续保障能力不足，难以快速全面掌控战局

现代战争物资消耗巨大，对后勤补给有着极高要求。据测算，如果以类似海湾战争中美军每架飞机单日出击 3 架次的频率来实施攻击，俄罗斯在叙利亚的现有战机每天就要消耗高达 1200 吨的补给物资，包括燃料和弹药。然而，且不说俄军是否有能力持续不间断地提供这些补给，单是将这些物资从俄本土运输到叙利亚就是一个非常艰巨的任务。为了实现这一目标，俄罗斯建立了一个航空和海军后勤供应网络，被称为"叙利亚快车"。阿拉伯叙利亚军和被制裁的亲政府派系得到了军事装备，包括装甲车和坦克、大炮、多管火箭发射器、反坦克导弹和其他需要的武器弹药。莫斯科甚至提供了数量有限的 T-90 主战坦克、TOS-1A 重型火焰喷射器和"飓风"多管火箭发射系统。叙利亚军方还获得了维护其飞机和防空系统所需的"铠甲"-S1 防空系统和物资支持，至少有 17 艘不同类型的船

只通过塔尔图斯港—塞瓦斯托波尔港—诺沃西比尔斯克港向叙利亚提供军事物资。分析人士强调，这证明了俄罗斯缺乏强大的海上运输能力，只有依赖非常有限的登陆艇和两栖登陆舰为叙利亚提供补给。

2016 年 12 月，历经一年的艰苦奋战，在俄空天军和特种部队的强力支持下，叙利亚政府军终于夺回了被"伊斯兰国"及反对派武装占据已久的经济中心——阿勒颇城。这使得俄罗斯与阿萨德政权掌控了协调各方力量进行下一轮和谈的先决条件，能够促成谈判和对话，并在之后可以做出决定。然而，4000 名"伊斯兰国"武装分子在短短三天内就将叙利亚政府军赶出了古城巴尔米拉，打乱了此前俄罗斯国防部的所有部署。而且，随着巴尔米拉的陷落，位于城西的迪亚兹空军基地也陷入恐怖分子手中。造成后院起火，俄军此前收复代尔祖尔的行动计划被迫推迟。造成此种现象的根本原因是俄罗斯无力在叙利亚维持一支规模庞大的驻军，其地面介入行动相对较少，而叙利亚政府军经过长达五年的战争，拥有丰富经验的兵员也已经消耗殆尽，而剩下的士兵又都颇为稚嫩，面对身经百战的"伊斯兰国"恐怖分子只得疲于招架。因此，在正面战场上，俄军也陷入了相当的困境，即全面打击不成，重点打击又时常被对手钻空子、打后方，使得叙利亚战场上的俄军虽有力挽狂澜之举，但迟迟不能"一锤定音"、掌控全局，出现你方唱罢我登台的局面，难以快速取得决定性优势。

5.2 新装备大量使用，维修保障能力有短板

　　大量使用新装备和新战法是俄军叙利亚军事行动的重要特点之一。俄罗斯武装力量投入了近两百种装备，其以战代训、以战促训、以战试装的用意明显。而叙利亚独特的地理条件、丰富的目标和任务类型以及较少的地面威胁，也为俄军创造了理想的武器测试和评估环境。无人化作战装备和力量近年来在俄军得到了快速发展，并在叙利亚战场上进行了实战应用。2015 年年初，战斗机器人连开始在俄罗斯各军区和舰队组建，其编制和指挥结构一并制定。在叙利亚战场上，俄罗斯陆上力量开始实施无人作战模式。机器人在有力减轻作战人员伤亡的同时，更加高效地完成了打击任务。2015 年年底，叙利亚政府军一次在俄罗斯战斗机器人的支援下强攻"伊斯兰国"极端势力据点的战斗过程，俄媒高调宣称这是世界上第一场以战斗机器人为主的攻坚作战。另外，无人机研发势头强劲，并组建了无人机分队，被称为作战的"好帮手"。这些新装备在使用中也暴露出一些问题。据外电报道，俄无人战车在叙大摆乌龙。俄罗斯"天王星"-9 无人战车本来就是一种遥控武器，远远谈不上机器人的水平。但俄军仍将它投入在叙利亚的实战，结果发现他连基本的功能和设计指标都不能满足。发现的具体问题包括：火控系统的目标捕获距离仅有 2 千米，而不是设计的 6.4 千米；配装的 30 毫米自动炮在射击时故障频发，包括 6 次开火延迟，1 次未能开火，而且不具备行进间射击能力；车辆号称能远

距离遥控，但实际上在高层建筑环境中的遥控距离仅有 300 米至 500 米，而不是设计的 2.9 千米；遥控系统失灵多达 17 次，持续时间达 1 分钟左右，有两次时间长达一个半小时；配装的光学探测系统容易受地面、空中侦察装备的干扰；底盘和悬挂系统的故障较多，时常需要现场抢修。

无人机系统操作员专业素质较差，导致无人侦察机频繁出现非战斗损失。截至 2018 年 1 月，俄军共计损失了 10 余架"海雕-10"和 1 架"前哨"无人侦察机，以及 10 余架其他型号无人侦察机。2018 年 1 月 12 日，俄军 1 架"前哨"无人侦察机在叙利亚哈马省东北部，被恐怖分子用苏联研制的 23 毫米双联装高炮击落。这是自 2015 年 9 月以来，俄军损失最为昂贵的 1 架无人机，每架"前哨"的价格为 9 亿卢布（约人民币 1 亿元）。

5.3　精确弹药使用不足，打击效果不理想

在叙利亚空袭中俄罗斯空天军战机投掷的炸弹大量是无制导炸弹，大多是"二战"末期就装备部队的老式炸弹，比如 FAB-250 和 FAB-500 等。苏-24 航速快、载弹量大、航程远，一次任务可携带 6 枚重 500 千克的 FAB-500M-62 炸弹对地面实施全覆盖轰炸。如果目标要求精度高或者还要打移动目标，就要使用久经考验的 Kh-25 和 Kh-29 激光制导空地导弹。如果要求威力更大一些的话，比如打击掩体或者加固目标，就搭载 KAB-500L/KR 激光/电视制导炸弹，甚至是更重的 KAB-1500 炸弹。据俄罗斯电视台报道，苏-24 飞机装载的是非制导的 OFAB250-270 炸弹，

这是一种爆炸时会在很大区域内释放弹片的碎裂炸弹，这也可以解释，为何当前俄军空袭的目标主要是指挥部、军火库、武器工厂、训练营等"二线目标"，对叙利亚政府军的近距离火力支援有限。毕竟，短兵相接的战场上要进行有效火力支援，除了要具备引导飞机支援作战外，精确轰炸能力异常重要。这也意味着俄军的空袭更像是"战场遮断"，对于战局只能起到间接作用。由于缺乏类似美军 JDAM 那样的"联合精确制导攻击弹药"，使俄军受制于有限的作战经费，在叙利亚战场上无法做到像美军那样对恐怖分子的领导核心实施"战术行动"，限制了其打击效果。另外，空中加油机的数量及其斩首技术性能的不足，使俄空天军的"苏"系列战机不得不携带副油箱参与行动，限制了自身的载弹量。

5.4 保障设施防护风险高，威胁保障能力发挥

俄罗斯军队远离本土作战，后装保障能力成为作战能力发挥和保持的重要因素，武装分子也将对俄军保障设施的打击作为消弱和阻挠俄军作战进程的砝码。虽然俄军采取了强有力的防护手段，但保障设施遭受打击的威胁时有发生。尤其是无人机的抵近侦察和突袭，令俄军防不胜防。从叙利亚战争打响，到目前有关俄罗斯军事基地遭受攻击的消息一直有报道。2017 年 12 月 31 日，叙利亚叛军炮击了俄罗斯位于拉塔基亚的赫梅米姆空军基地造成至少有 4 架苏 -24 轰炸机、两架苏 -35 战机和 1 架安 -72 运输机以及一个弹药库被炮击摧毁。另据报道，自 2018 年 1 月以来，俄

罗斯驻叙利亚赫梅米姆空军基地多次发生小型无人机逼近事件，这些无人机均被俄军击落或俘获。俄方勘查显示，上述无人机来自叙政府军与极端组织交火区或叙反对派武装控制区。2018 年 1 月 5 日晚，叙利亚境内的武装分子首次利用载有爆炸物的攻击型无人机对俄罗斯的两大军事基地展开集群式攻击，只不过所有无人机均被俄军击落或控制，没有造成损失。据俄国防部通报，2018 年 1 月 5 日至 6 日，13 架满载炸药的无人机对俄罗斯驻叙利亚塔尔图斯及赫梅米姆军事基地发动攻击。时间进入 2019 年，此类报道时有发生，频繁发生的无人机骚扰让俄军不胜其烦，但也无可奈何。

6 俄军对叙利亚作战行动的反思

在分析总结存在问题的基础上，俄军也对经验进行了及时汲取并迅速运用到军队的建设、作战和训练之中。据俄罗斯《消息报》等媒体报道，为期两年多的叙利亚战争，不仅仅是俄军新式和现役、主战等武器装备的"试验场"，新型组织编制结构、新式打法战法的"练兵场"，高级将领和军官获得实战经验和擢升资格的"大熔炉""摇篮""产床"，现在又成了俄罗斯军事院校师生开展教学和科研活动的活教材。

6.1 新装备新战法运用得当

大量使用了列装不久的新型战斗轰炸机、舰载战斗机、武装直升机等装备，首次在实战条件下使用了电子战装备、无人机、远程通信系统等。首次大量使用高精度远程空射和海基巡航导弹，发射总数超过 100 枚，证明了俄罗斯国防工业的强大实力。俄军投入叙利亚的陆军装备主要有 T-90A 坦克和 BTR-82A 装甲车，其中前者在参战近一年内没有一辆被击毁，火力和防护性深受前线官兵好评。俄军此次远征叙利亚，以大规模空中打击为主导，尽可能减少地面部队的参与程度，同时大量使用高新技术装备和武器系统，这与其武装力量在过往的使用模式有着显著不同，表明俄军事能力发生了质的飞越，以实际行动驳斥了西方分析家关于俄罗斯无法在远离本土的区域进行军事行动的论断。

6.2 指挥通信能力显著进步

通过此次行动不难看出，俄军的指挥和通信能力获得了非常明显的进步。以俄空天军为例，其战机分散部署于本土、叙利亚和伊朗，跨域机动频繁，每昼夜出动近 88 架次，各部队任务明确、协调得当，空袭获得了良好效果。更令人印象深刻的是，俄空天军与叙利亚军队、伊朗军队、阿富汗什叶派及黎巴嫩真主党等部队进行联合行动时配合默契，既防止了误伤友军，又有效支援了地面行动，其空地协同作战能力得到了充分检验。

6.3 后勤装备保障及部队投送能力表现出色

这也令外国分析家大开眼界。俄军通过海运和空运共投送了总人数达 3500 人的作战部队，其中包括混合航空兵团、陆军和岸防部队分队、防空导弹系统、坦克装甲车辆、远程火炮系统、电子对抗系统、特种侦察分队及其支援保障单位。

6.4　武器装备可靠性有效性良好

为总结战斗经验、改进武器装备，俄军及时召开了军事技术代表会议。俄国防部长谢尔盖·绍伊古指出，"叙利亚地区的复杂环境和恶劣条件对许多现代化国产装备进行了检验，充分展示了其可靠性和有效性。"他还表示，未来俄国防工业企业在研制新型装备的过程中，一定要吸取在叙利亚军事行动中所获得的经验教训，使装备更加贴近实战需求。参加会议的包括俄国防部、军兵种及中央军事指挥机关、高等军事院校、军事科研院所等单位的领导以及俄国防工业部门负责人和相关企业代表。俄军事装备生产企业也派出代表前往叙利亚，第一时间收集部队的意见和建议，同时针对装备故障提供解决方案。

6.5　实战经验及时转化应用

俄军总参谋长将叙利亚当作俄罗斯军事力量学习、培训和创新的温床。俄罗斯部队在叙利亚战场上积累作战经验、实验新形成的作战理念、并进行战时试用，从而根据其在叙利亚战场上所获得的经验对部队的作战概念、军队部署和武力建设进行调整。

在院校教学方面，俄军对远征作战经验进行了总结。目前，院校正在深入研究俄罗斯空天军驻叙利亚部队集群的运用经验。所有这一切都已经在学院的教学过程中得到了推广。其中，对学员们来说，最重要也是最有价值的训练方向是如何在很短的时间内在遥远的战区里组建部队集群。学员们还需要研究和学习如下问题，即：部队远距离重新部署的工作计划、部队集群的运用、部队集群的全面保障以及战斗行动过程中的指挥，等等。除此之外，更为重要的是需要研究和推广开展人道主义和维和行动、调解敌对双方运用兵力兵器的新办法、新战法。在这方面，俄军在为期两年多的叙利亚战争中积累了丰富的经验。毫无疑问，俄武装力量在教学和实践过程中正在充分利用和推广这些非常宝贵的实战财富。

俄塔社网站报道，俄罗斯联邦武装力量总参谋部军事学院新任院长弗拉基米尔·扎鲁德尼茨基上将在该院成立 185 周年前夕接受记者采访时透露，该院师生正在认真研究和学习俄军驻叙利亚部队集群快速展开和参战经验。这表明，对总参军事学院这所俄军最高学府之一的高等军事院校的师生来说，叙利亚战争的经验教训已经列入该院教学大纲，成为一门必修课。

俄军总参谋部强调，在未来的军事演习中，俄方将进一步进行现代化强军，并充分利用在叙利亚战场的经验教训，使用能够随意移动且自给自足的侦查打击一体化系统进行现代战争。叙利亚的战事为俄罗斯 2018 — 2027 年国家武器计划提供了经验教训，并可能影响随后的俄罗斯军事现代化进程。根据俄罗斯高级军官的意见，重整军备计划应旨在建立自给自足的部队群，这些部队在具有战略重要性的战区应具备海基、空基和陆基精确、对峙、指挥控制、通信情报、监视侦察（C4ISR）和无线电电子战（REB）的能力。

莫斯科高等诸兵种合成指挥学校战术教研室教员、军事科学院通讯院士尼古拉·莫依谢因科介绍了从叙利亚战场上学来的战术创新情况："在最近发生的所有战斗行动中，部队几乎都要在城市条件下作战。叙利亚也不例外。像帕尔米拉等城市就曾经两次与恐怖分子搞过拉锯战。考虑到这一点，在培养学员时就要特别重视对居民点的占领或防御问题。我们对工作大纲进行了修订，编写了'连排占领居民点行动'教学篇章，在战术场上修建了相应的设施。"未来的排长正在学校里研究突击小队、突击小组在通往居民点的要冲和居民点里消灭敌人的人员编成与行动战术，学员们还要学习如何使用榴弹发射分队、反坦克分队和狙击分队等加强兵器。在连级层面要特别重视演练与迫击炮分队、炮兵分队、包括无人机在内的航空兵等的协同问题。

《国家武器库》杂志总编维克托·穆拉霍夫斯基认为，叙利亚战争揭示了城市作战行动的特点，这些经验必须吸收和汲取，"班、排、连等小分队指挥员的作用得到极大增强。现在，他们经常自主、独立地占领或者控制独立目标"。

6.6 指挥管理人员得到了锻炼培养

俄军认为，负责组织实施航空打击、地勤保障、舰队远征、武装侦察等科目的参谋人员及其他相关人员获得了宝贵经验。经过实战的锻炼，大量参战指挥管理人员得到了能力锻炼和职位提升。

7 启示与建议

俄出兵叙利亚保障和维护了俄在中东的利益，扩大了俄在中东的存在，提升了俄在地区事务中的话语权，重塑了俄作为全球性大国的形象。然而，叙利亚战争并不是 2008 年格鲁吉亚战争那样的机械化、正规化战争——没有明确的后勤线可以去切断，没有集中起来的重兵集团可以去围歼，没有牵一发而动全身的指挥机构可以去摧毁。再加上大国博弈、教派冲突、反恐斗争等复杂因素，叙利亚的未来仍然充满变数，对俄军的行动进行全面总结还为时尚早，其保障行动也非完美无缺，俄罗斯总统普京在总结俄军叙利亚军事行动的经验时指出，"我们今天应当重视在叙利亚作战中暴露出的问题和不足"。俄军此次军事行动中后装保障的创新应用，一定程度上代表了世界新军事变革在保障领域的最新成果和发展趋势，其经验带给我们一些思考和启示。

7.1 树立反"混合战争"保障理念

俄军在叙利亚战场上的行动，是以"混合战争"引领作战行动的典范，经过叙利亚战场的熟稔运用，混合战争早已不再是霍夫曼和西方的专利，世人只会记得独具俄式特色的"格拉西莫夫战术"，并且清楚地认识到他对俄军在叙利亚战场活动不可估量的指导作用。"混合战争"成为目前作战方式发展的新趋势，并逐步被其他军事强国所接受，应对未来的"混合战争"被视为军队建设发展的方向。混合战争是各领域、各手段在时间和空间上的综合运用，反混合战争的保障行动也应围绕统一战略目标制定统一战略，确保"系统与系统"之间的对抗。一方面应注重多域一体。在统一目标下，将经济、军事、文化世界观领域的行动融入战役计划框架内，制定多域一体的战略计划。在经济、军事及外交等各条战线上统一用兵、形成合力，才能整体粉碎敌人混合战争企图，消弱其混合战争效果，或迫使对方进行政治、经济、军事及其他方面的让步。另一方面，应注重战役融合。按照统一的总目标制订一系列战役行动计划，把军事行动与非军事行动、秘密的和公开的、宣传和反宣传战役联合起来，使各种战役效果相互迭代、累积，形成反混合战争战略的整体涌现。

7.2 构建后装一体的综合保障体系

在叙利亚行动中，俄军经历了一系列远距离、高强度、持久性强的战斗，从而积累了丰富的经验。俄罗斯方面认为，物质-技术保障（MTO）系统的改革及演习为快速调遣部队、稳定维持海空军备补给线奠定了基础，进而为战斗行动的持续性提供了保障。俄军方人员认为，保持MTO系统的适度运转是取得成功的主要条件之一。而2016年至2017年间的战略演习和突击检查，则进一步提升了俄军运输、供给和维修的速度与效率。此外，"东方-2018"大型联合军演也旨在检验大型联军部队的远程部署和生存能力。俄军在叙利亚军事行动是典型的跨域作战。在作战和保障力量的构建上，战略层面综合了陆海空天力量；在军种层面，除作战部队外，各类勤务支援力量一应俱全，克服了远离本土作战的诸多困难，圆满完成作战保障任务，体现了较强的实战保障能力。结合我军国防和军队改革实际，针对军队新的使命任务，应以提升体系作战、联合作战、远程机动作战能力为目标，树立"大保障"的理念，系统谋划保障能力建设，改革传统的编成和支援保障模式，按照基地化与机动化相结合、实编与预编相结合的思路，打造战略投送枢纽保障基地、前进保障基地、保障部队等保障设施和能力，真正把保障力量建设成为适应联合作战、联合行动、联合保障需要的精锐力量，提升打赢未来一体化联合作战的能力。

7.3 补齐跨域作战保障战略机动能力短板

强大的远程投送能力是俄军在叙利亚军事行动成功的重要保证。俄军在军事行动头一个月，就动用军事运输航空兵完成 640 架次运输任务，海军保障船只完成 80 航次海上运补，使任务部队在战前快速完成兵力部署，并持续保持高强度军事打击力度，其远程投送能力和效果让美欧洲总部陆军司令本·霍奇斯为之惊叹。而我军由于受军事战略和军队建设思想的影响，造成了地面运输强于海空输送，运输方式单一，运输协调衔接能力和远程投送能力还有较大差距。为此，应着眼使命任务拓展和未来战争需求，建强国家战略投送机队、船队，由后勤保障部队牵头发展军队远程空运、海运及陆上运输力量，装备大型运输机、空中加油机、两栖登陆舰船等运输工具，完善联合作战战略投送运行机制，注重多种机动能力综合提升，形成精确高效持续的战时投送补给线，确保战略意图的达成。

7.4 加快保障基地建设布局

随着战场空间的多域拓展和快捷、精确及高效保障需求的提升，保障的基地化成为一种新的保障模式，尤其是远离本土和跨域作战行动。军事力量走出去，后装保障必须跟上去，甚至要先行一步，否则就寸步难行。进行国际维和、国际救援等，有效维护海外利益、彰显大国形象，没有后勤保障能力是不行的。俄军在叙利亚战场，对"伊斯兰国"和反政府武装的精确打击，得益于其早先建立的塔尔图斯、拉塔基亚等军事基地，特别是先期预置的装备器材等战略物资。在我国战略利益不断拓展和改革开放进程不断深入的大背景下，为维护国家的战略利益和完成军事行动任务，必须预先谋划、长远考虑、加强合作、合理布局保障基地建设。对部队多样化军事行动形成基地化就近就便保障、机动化支援伴随保障、国土全域和境外远域战略投送与预置保障的新格局。不管未来战争突然性多大，战争样式如何发展，战争准备始终是个长期的、系统的过程，后勤与装备保障力量必须先行，及早筹划，确保打赢。

7.5 深化拓展社会化国际化保障模式

利用社会力量完成作战保障任务，已成为世界主要国家的通用做法和共识，俄此次军事行动后装保障工作同样有效运用了这一手段。随着我军强军步伐的推进和建设世界一流军队目标要求的提出，在最适合实施军民融合的保障领域，应按照"全要素、多领域、高效益"的原则深入推进保障社会化建设，加快构建军民融合保障体系，将后装保障建设深深植根于国民经济发展之中，不断完善法规制度和体制机制，探索平战转换运用模式，增强保障的时效性，提高保障效益。

反混合战争面临许多重大难题，仅凭自身力量将很难解决全面保障难题，需要与伙伴国一起，合理预测解决面临的问题，如发起国可能使用的新的破坏性技术、寻找混合攻击的源头等，并在反混合战争战略的统一框架内采取应对措施。混合战争以国家为对象，涉及国家的方方面面及国际之间的活动，而且发起者也多以联盟或者合作方式出现，迫切需要加强国际合作，以合作对合作。根据战略总目标，与伙伴国建立全面关系，共同反击国家关系领域内产生的破坏性影响，为顺利完成反混合战争战略任务营造良好的国际环境。与相关国家建立良好的关系，努力达成安全合作等协议，提高联合行动能力。

7.6　提升保障管理指挥效能

　　叙利亚军事行动勤务保障的高效率得益于俄罗斯军队不断推进的信息化建设。俄罗斯国家指挥中心对前线作战指挥控制的画面给大家留下了深刻印象。未来信息化战场时空更加广阔，作战样式更加多样，环境更加复杂，保障指挥协同的难度更大。我军应结合领导指挥体制和保障体制改革，按照联合作战联合保障的要求，理清军委联指后勤保障部门与军委后勤保障部、军种后勤、战区后勤、地区联勤保障中心的职责及相互关系，构建完善与联合作战指挥体制相适应的保障指挥体制。同时加快信息化手段的开发运用，尽快完善各级勤务保障指挥管理系统的研制配发，实现保障信息的全域可视、保障过程的全程可控、保障活动的精确高效。

附件 1

俄在叙利亚军事行动基本情况

2015 年 9 月 30 日,俄开始对叙境内"伊斯兰国"恐怖组织实施打击,2016 年 3 月 14 日,俄罗斯总统普京宣布撤出驻叙主要作战力量暂时告一段落,历时 167 天。其间,共对恐怖分子实施逾 9000 架次空袭,消灭 2000 余名恐怖分子,摧毁恐怖组织逾 1.5 万个目标以及 200 多座石油生产设施和 3000 台石油运输设备,解放 400 多个居民点,夺回 1 万平方千米的领土面积。整个行动大体可分为 6 个阶段。

一、适应防守阶段

这一阶段从 2015 年 9 月 30 日俄空天军对叙境内极端组织目标实施首轮打击开始,大致持续一周时间,至 10 月 6 日为止。

(一)作战意图

适应战场环境,肃清周边敌军,巩固叙政府军防线,为其下一步防守反击创造条件。

（二）作战过程

这一阶段，俄战机大部分的空袭发生在拉塔基亚、霍姆斯省和伊德利卜省，对叙境内不同政治和宗教倾向的反对派的基础设施实施了打击。主要摧毁了位于两条战略通道［霍姆斯——哈马——阿勒颇（M5）和平行延伸的通向吉斯尔市的第56号通道（吉斯尔市是一个重要的交通区域点）］沿途的筑垒要点，供给基地和训练营地。除了在加比平原的战略目标和供给系统，该地区唯一拥有美国陶氏反坦克系统的"亚赛姆·阿齐兹"军队集群的阵地已被摧毁。这些反坦克武器虽然并不先进，但对不够现代化的叙政府军坦克部队却十分有效。同时，也对位于沙漠深处的"伊斯兰国"指挥部发动了一些攻击，其中包括位于伊斯兰极端分子的"首都"拉卡城和代尔祖尔附近的指挥部。

这一阶段的轰炸是要为叙政府军地面进攻行动做准备。霍姆斯地区和哈马以北方向上，叙政府军遭到了"伊斯兰国"武装分子和阿勒颇其他武装集团的包围，霍姆斯通往哈马的道路被反对派武装分子切断。几天来，这些武装分子在空袭中遭受了严重损失并几乎丧失了战斗力，反政府武装力量没有在该地区进行任何军事行动，也没有选择新的战术来对抗俄军的空袭。俄军截获的无线电数据显示，空袭造成武装分子的武器、弹药、燃料、润滑油物资的严重短缺，一部分武装分子出现士气低落，开始主动离开交战区，向东北方向以及土耳其方向逃窜。持续一周的轰炸为恢复霍姆斯的交通联系创造了有利条件，也为叙政府军打破阿勒颇M5公路沿线的封锁并建立坚固防线做好了准备。

（三）行动特点

一是作战强度低。这一阶段只有俄空天军驻叙利亚航空集群参加作战行动，俄驻本土空天军战机、海军舰艇均未参战。且战机出动强度也不高。9月30日至10月6日，共出动180架次，摧毁目标93个；日平均出动量26架次，日均摧毁目标13个；单日最大出动量（10月5日）40架次。

二是重点打击恐怖分子的指挥所和指挥部、弹药库、主要物资技术保障体系等节点目标，以消弱其作战潜力，降低其机动和作战行动能力，减少对俄驻叙赫梅米姆空军基地构成的威胁。

三是注重精确打击。俄军为苏-34战机配备了现代化的光电瞄准系统，该系统可保障战机使用普通炸弹实施精确打击。在空袭之前，俄军还积极使用航天、航空侦察装备及无人飞行器，及时提供关于恐怖分子位置和火力毁伤效果的可靠信息。为了避免伤及平民，这一时期的空袭严格限定在居民点之外，还要求目标信息要经过各种来源所证实后才能实施打击。

四是注重舆论战。俄军还充分展示行动的透明度，及时公布相关视频和图片，以事实有效反驳西方抹黑和指责，震慑极端组织。

二、逐步强化阶段

10月7日，叙政府军开始反守为攻，大举进入恐怖组织阵地。俄军在渡过初期的适应期后，也开始在叙利亚全境积极调运武器、军事装备和弹药运输设备，还加大了使用航空航天侦察设备对叙利亚境内的地面目标实施侦察的次数。尤其是俄海军里海区舰队4艘军舰加入空袭叙利亚境内"伊斯兰国"恐怖组织的行动，标志着俄军在叙军事行动进入逐步强化阶段，这一阶段大致持续2周时间，至10月23日之前结束。

（一）作战意图

配合叙政府军队反击行动，加大对反对派和恐怖组织的打击力度，提高行动效率，迫使叙反对派就范。

（二）作战过程

10月7日以后，俄军在哈马省、伊德利卜、阿勒颇省、霍姆斯省、大马士革省、拉塔基亚省、德拉省等地全线展开攻击，通过高强度空袭帮助叙政府军开展反攻。仅7~9日，就在哈马北部、加比平原、阿勒颇北部、伊德利卜、拉卡等地重创恐怖分子，毙敌200余名。短短几天时间，在哈马地区打败反政府武装，收复了南部和中部地区多个村镇，控制了通往大马士革——阿勒颇国际公路的关键地带，导致反政府军无力发动大规模攻击，只能被动防御或者打游击战，基本稳定叙南部和中部地区局势。

之后俄叙联军主力开始重点向西北地区挺进，尤其是伊德利卜、阿勒颇、拉塔基亚等省份。10 月 9 至 16 日 1 周时间内，俄军出动战机 394 架次，摧毁武装分子 46 个指挥部和通信站、6 家炸药生产厂、22 个燃料物资地点、272 个据点和野战营地等目标。11 月 17 到 20 日，按照在叙利亚的空袭行动计划共完成 394 次战斗飞行，对伊德利卜省、阿勒颇省，以及巴尔米拉附近的恐怖组织进行了空袭。大规模空袭摧毁了恐怖分子的油气基础设施、指挥所、弹药库、训练营，以及生产地雷和火箭弹的工厂。空袭激活了叙利亚政府军在各条战线上的攻势，其中最为顺利的是在阿勒颇省、霍姆斯省、拉塔基亚省，打通了阿勒颇省与大马士革省 100 多千米的交通线，叙政府军收复数十座城镇，大量恐怖分子被击毙或被俘，数千人逃跑；在霍姆斯省将恐怖分子包围在少数地区；在拉塔基亚北部歼灭"叙利亚自由军"恐怖组织精锐海岸旅，击毙该旅旅长在内的 300 余名反政府武装分子，俘虏 200 多人。在俄罗斯空中打击下，许多地区的非法武装分子开始撤退，在非法武装分子和叙利亚政府军交火线有大量武器和技术装备被丢弃。

据国防部统计，自 9 月 30 日开始对叙利亚境内极端组织开展军事行动以来，俄罗斯空天部队在近 1 个月的时间里出动战机 934 架次，对数以百计的"伊斯兰国"目标进行了空中轰炸，摧毁了 819 座恐怖分子设施。俄空袭的主要地点集中在叙利亚西北部的阿勒颇、伊德利卜、代尔祖尔、拉卡、拉塔基亚、巴尔米拉、大马士革和哈马。根据俄方所掌握的信息，这些地方都是恐怖组织、反政府武装的聚集地。

（三）行动特点

一是舰队兵力参与作战行动，10月7日。俄海军里海舰队4艘战舰首次参战，从里海海域发射26枚"口径—HK"海基远程巡航导弹，飞经伊朗、伊拉克领空，摧毁1500千米以外11处位于叙利亚境内的敌方目标。

二是出动量明显增加。10月7日至10月22日，共出动754架次，摧毁目标725个；日平均出动量50架次，日均摧毁目标48个；单日最大出动量（10月9日）67架次。

三是积极实施心理战。大量散布武装分子缴械投降、逃离战场的信息，对武装分子进行震慑。公开轰炸武装分子的图片、视频，比如俄电视台反复播放10月7日俄里海舰队军舰发射远程巡航导弹打击叙境内极端分子目标的画面，使西方都感到震撼。西方军事专家认为，由小型导弹舰艇和轻型护卫舰发射远程巡航导弹，俄军队继续展示了似乎令某些人防备不及的能力水平。连美国北美防空司令部司令威廉·爱特尼海军上将都公开承认，俄罗斯新型巡航导弹对美国国防构成重大威胁，这些导弹作战半径大、精确度高，俄远程飞机无须离开俄罗斯领空便可打击中北美目标。

三、谈打结合阶段

10月23日，首轮叙利亚问题双边会谈在维也纳举行，而在叙军事行动由此进入谈打结合阶段，大致持续至11月16日，前后共约18天。

（一）作战意图

争取一切可以联合的力量，共同对付最主要的敌人。

（二）作战经过

10 月 23 日，叙利亚问题四方俄罗斯、美国、土耳其、沙特阿拉伯在维也纳举行首轮叙利亚问题多边会谈，磋商叙利亚危机的解决方案。会后，一直支持叙利亚巴沙尔·阿萨德政权的俄罗斯立场有了重大转变，俄外长表示已经准备好向叙利亚的"爱国反对派"——"叙利亚自由军"提供军事支援，打击极端组织"伊斯兰国"。

但"叙利亚自由军"等反对派最初明确拒绝俄罗斯提议，表示不会接受俄罗斯的帮助，直到其停止支持巴沙尔·阿萨德为止。这种情况下，俄罗斯一方面继续推动叙政治和解进程。10 月 24 日，俄外交部长拉夫罗夫提出叙利亚和解议程，表示在打击叙利亚境内极端组织"伊斯兰国"的军事行动奏效后，要为叙利亚举行议会和总统选举打好基础，并表示要协助之前遭俄军空袭的叙反对派部队。10 月 29 日，又在奥地利首都维也纳举行了 17 个国家参与的叙利亚问题外长级多边会谈，其中伊朗首次参加，受到外界关注。另一方面，俄继续加大军事打击力度，仅在 10 月 23~25 日 3 天时间内就出动战机 164 架次，对恐怖组织和反对派武装 285 处设施进行空袭。整个 10 月份，驻叙俄军战机完成 1391 次战斗飞行，共摧毁 1623 处恐怖分子目标，其中包括 249 个指挥所和通信枢纽、51 个恐怖分子训练营地、35 个工厂和作坊、131 个弹药和燃料仓库、371 个据点和堡垒以及 786 个营地和基地。

在俄罗斯的软硬兼施之下，叙境内的一些反对派逐步开始与俄进行合作。11 月 3 日，俄军机在叙利亚反对派帮助下，对叙境内 24 处极端组织"伊斯兰国"目标实施轰炸，摧毁了恐怖分子的 1 处指挥所、1 座弹药库和 12 处炮兵和火箭炮阵地，实现了自 9 月 30 日俄空军开始轰炸叙境内"伊斯兰国"目标以来首次与叙反对派展开的合作。

截至 11 月 17 日，俄罗斯航空兵对叙利亚境内国际恐怖组织进行打击以来，共执行战斗起飞 2289 架次，对恐怖分子主要基础设施目标、军事技术装备和有生力量实施了 4111 次导弹炸弹打击。战斗行动中，共摧毁了 562 个指挥所、64 处恐怖分子训练营、54 个武器弹药工厂和其他设施。

由于俄罗斯航空兵的行动，叙利亚武装力量在阿勒颇省、拉塔基亚省、伊德利卜省、霍姆斯省和大马士革省的全部战线上转入了进攻，从匪徒手中解放了大片领土。在北部地区，阿勒颇省，叙利亚军解放了 40 个居民点，政府部队解除了克韦里斯空军基地的封锁，继续扩大机场周围的安全区域。对于伊德利卜的进攻也进展顺利；叙利亚军从距离城市 20~30 千米处展开攻势。在滨海的拉塔基亚省，武装分子被从 12 个居民点驱逐出来。政府军和民兵的强攻部队为夺取萨尔玛市进行了激烈战斗。在叙利亚中部，尽管遭到匪帮的顽固抵抗，叙利亚军队仍在不断推进。另外，叙利亚军队还在巴尔米拉方向继续进攻。自开展积极行动以来，突击队已向纵深推进了 4 千米，正在夺取该市接近地的制高点。在大马士革地区，在市区的激战中被武装分子占领的焦巴尔和东古塔地区被解放。叙利亚军队在 4 年的军事行动中首次解放了 80 个居民点，控制了 500 多平方千米的国土。

（三）行动特点

一是保持较高出动量。10 月 23 日至 11 月 17 日，共出动 1225 架次、摧毁目标 3088 个；日平均出动量 68 架次，日均摧毁目标 171 个；单日最大出动量（10 月 28 日）71 架次。

二是政治军事有效配合。积极开展整治外交活动，有效配合军事行动。不仅先后于 10 月 23 日和 29 日在维也纳就叙利亚问题举行多边会谈，还与部分反对派达成合作意向。

三是开始联合反对派打击极端组织。11 月 3 日，俄军首次宣布与叙反对派合作。当日俄军机在叙利亚反对派协助下，对叙境内 24 处极端组织"伊斯兰国"目标实施轰炸。

四、密集打击阶段

上一阶段，俄军谈打结合虽然取得了一定成效，但这一时期内先后于 10 月 31 日和 11 月 13 日发生了俄 A321 客机在埃及坠毁和巴黎恐怖袭击事件，表明叙境内恐怖势力依然十分猖獗，必须予以更为严厉的打击。11 月 17 日俄政府确认，此前在埃及坠毁的俄罗斯客机遭遇"恐怖袭击"，俄总统普京要求加强控制打击力度，对制造俄 A321 客机空难的恐怖分子予以惩罚。俄在叙军事行动由此进入密集打击阶段，大规模报复行动持续1周。

（一）作战意图

对恐怖分子实施大规模报复，缓解国内民意压力。

（二）作战过程

11月17日，俄军对叙境内恐怖组织发动首轮大规模空袭中，俄空天军25架远程战略轰炸机，从本土起飞深入叙利亚全境对恐怖分子实施打击。当日，俄空天军共出动各型战机127架次，摧毁206个目标。其中，驻叙空天军出动98架次，对武装分子指挥点、爆炸物工厂、弹药库、训练营、火力点等实施了打击；12架图-22M3远程轰炸机于莫斯科时间5时至5时30分对拉卡省和代尔祖尔省境内"伊斯兰国"设施进行了打击。9时至9时40分，图-160和图-95MC战略轰炸机对武装分子目标发射34枚空基巡航导弹，摧毁了恐怖分子14个重要目标，包括控制非法武装组织，协调伊德利卜和阿勒颇"伊斯兰国"成员行动的几个指挥所，以及西北部储存大量弹药和其他物资的仓库。俄总统普京和国防部长绍伊古在国家指挥中心观看了俄空天军在叙利亚打击"伊斯兰国"的军事行动直播。俄军总参谋长格拉西莫夫称，俄军当天的空袭行动使得叙政府军得以全线向北进攻，在阿勒颇省夺回40个居民点。

11月18日，俄空天军按作战计划对叙利亚境内恐怖组织目标进行第二轮大规模空袭，当日共完成 126 次战斗飞行，摧毁 206 处"伊斯兰国"组织目标。其中，5 时至 5 时 50 分，图-22M3 远程轰炸机组成的航空大队对拉卡省和代尔祖尔省的 6 处"伊斯兰国"设施进行打击，目标是武器弹药库、军备积存点、武装分子训练营和爆炸物制造点；9 时至 9 时 10 分，图-160 战略轰炸机从俄罗斯境内向叙利亚境内阿勒颇和伊德利卜省的"伊斯兰国"设施发射 16 枚远程空基巡航导弹，摧毁 7 处关键设施，包括 3 个指挥所、2 处武器弹药库和 1 处武装分子的营地；苏-34 前线轰炸机对"伊斯兰国"组织的石油运输和加工设施等目标实施了打击。驻叙俄空天军出动 100 架次，摧毁 190 个恐怖分子目标，其中包括 58 个指挥所、41 个弹药库、17 个火力点和防御阵地、74 个集结区。

11 月 19 日，俄空天军对叙利亚境内恐怖组织目标实施第三轮大规模空袭。9 时至 9 时 20 分，图-95MC 战略轰炸机从俄罗斯境内对叙利亚阿勒颇和伊德利卜省的"伊斯兰国"设施发射 12 枚远程空基巡航导弹，打击的目标是"伊斯兰国"在伊德利卜省境内的燃料库、制造爆炸装置的工厂、指挥点和总部；16 时 40 分至 17 时 30 分图-22M3 远程轰炸机对拉卡省和代尔祖尔省的 6 处"伊斯兰国"设施进行集中打击，目标为"伊斯兰国"控制领土内的石油加工设施、弹药库、修理和制造迫击炮的作坊。空袭行动摧毁恐怖分子 1 个指挥部、3 个燃料和弹药库、1 座大型石油综合设施以及 1 个石油输送站。驻叙俄空天军当日计划出动 98 架次，打击 190 个目标，截止当日 17 时，完成 60 架次战斗飞行，摧毁 138 处恐怖分子目标。

11 月 20 日，俄里海舰队舰艇向叙利亚拉卡省、阿勒颇省和伊德利卜省等 7 处目标发射了 18 枚巡航导弹。在对代尔祖尔地区一处目标的打击就歼灭了 600 多名武装分子。

大规模空袭前 4 天，俄空天军共完成 522 次战斗飞行，发射机载和舰载巡航导弹 101 枚，投放各类炸弹 1400 吨，摧毁 820 处恐怖分子目标。其间，3 架图-160 战略轰炸机从摩尔曼斯克州的奥列尼亚机场起飞，穿越大西洋和地中海，飞行距离近 1300 千米。近 30 架远程飞机和轰炸机从里海对叙利亚境内的"伊斯兰国"目标实施打击。图-22M3 型机 4 天内完成 60 架次飞行，打击 40 多个"伊斯兰国"目标。

在此期间，俄空天军主要集中力量打击"伊斯兰国"组织的经济基础——石油走私，并使其遭受到严重的经济损失。俄空天军在数天内摧毁了大约 500 辆将叙利亚的石油运到伊拉克加工的运油汽车。恐怖分子每日向黑市供应的石油因此减少 6 万吨，每日的损失达 150 万美元。

（三）行动特点

一是出动战略轰炸机参与军事行动。11 月 17 日，俄罗斯出动图-160、图-95MC 和图-22M3 远程战略轰炸机，从本土起飞深入叙利亚全境对恐怖分子实施打击。普京还在国家国防指挥中心观看了俄空天军在叙利亚打击"伊斯兰国"的军事行动直播。在当日实施的首轮大规模空中打击中，图-160 和图-22M3 战略轰炸机就发射了 34 枚空基巡航导弹，摧毁了恐怖分子 14 个重要目标。空袭中首次使用了射程达 5000 千米的

X-101 新型空基巡航导弹。

二是出动量急剧增加。俄国防部长绍伊古在向普京汇报时表示，俄军机从控制对叙利亚境内的恐怖组织团伙"伊斯兰国"进行猛烈打击，"飞行次数增加 1 倍，这使得猛烈、准确打击叙利亚全境'伊斯兰国'恐怖分子成为可能"。仅 11 月 17 日至 11 月 23 日，就出动飞机 660 架次，摧毁目标 1292 个；日平均出动量 110 架次，日均摧毁目标 215 个；头 4 天日均出动量（11 月 17—20 日）达到 130 架次。

三是开始重点打击"伊斯兰国"油田设施。俄总参谋部作战总局局长卡尔塔波洛夫 11 月 18 日总结称，"仅在近几天，航空部队就摧毁了大约 500 辆运油车。这大大降低了恐怖分子非法出口能源的能力以及他们靠走私石油换来的相应收入"。

四是积极与法军合作。在巴黎恐怖袭击后，普京与奥朗德很快就协调在叙打击行动达成一致，普京要求俄海军与法国海军积极开展合作。参加叙利亚反恐军事行动的俄空军还在导弹上写上"为了巴黎"等语言，表明与法国合作的态度。

五、应急斗争阶段

11 月 24 日，俄空军 1 架参战苏 -24 战机被土耳其击落，俄在叙军事行动由此进入应急斗争阶段，这一阶段大致持续至 2016 年 2 月 21 日。

（一）作战意图

积极应对土军挑衅，同时努力控制危机失控。

（二）作战过程

苏-24战机被击落后，俄军和叙政府军及时组织了营救。在营救幸存飞行员后，俄轰炸机和叙政府军的火箭炮兵立即对相关区域进行长时间大规模打击，全歼了在当地活动的叙反对派武装土库曼旅。同时，还通过实施经济制裁等手段对土耳其进行报复，甚至拿出核大棒加以威慑，但并没有因为国内民众的愤怒而断然对土宣战。

与此同时，俄开始加强在叙兵力部署和战斗准备。苏-24战机被击落后，俄军立刻命令装备"堡垒"防空导弹系统的"莫斯科"号导弹巡洋舰于11月25日占据位于叙利亚拉塔基亚海岸附近的部署位置掩护俄战机，同时紧急向叙利亚拉塔基亚基地部署最新式C-400防空导弹系统，苏-34战机开始搭载空空导弹在叙执行任务。另外，还向叙境内增派多架苏-34战斗轰炸机和最新型苏-35多功能歼击机。

与此同时，俄军继续保持对恐怖组织的高强度空袭。仅11月26日至12月4日，驻叙俄空天军就进行431次战斗飞行，并对恐怖组织分子在阿勒颇、伊德利卜、拉塔基亚、哈马、霍姆斯、代尔祖尔和拉卡省境内的1458处设施进行了打击，共摧毁12座燃油输送站、8个恐怖分子控制的油田、近40辆油罐车及运输石油产品的大货车。12月5～8日，俄军再次根据俄武装力量最高统帅指令对叙境内极端组织实施大规模空袭。4天内，俄军利用多种方式执行打击任务。从俄北奥塞梯起飞的图-22M3轰炸机共完成60余架次空袭，摧毁极端组织位于叙利亚拉卡省和代尔祖尔省的30个战略目标；首次部署在地中海东北海域的"顿河畔罗斯托夫"号潜艇向位于拉卡省的极端组织阵地发射"口径"巡航导弹，摧毁2个重要指挥所；部署在叙利亚赫梅米姆空军基地的俄战机在苏-30战斗机的掩护下，共完成238架次空袭行动，摧毁699个目标。共投掷1920枚航空炸弹，摧毁极端组织"伊斯兰国"的70个指挥所、43座武器库、21座训练营、6个弹药工厂以及6个石油目标。

即使是在新年期间，俄军也未中断对叙境内恐怖组织的打击。在2016年头10天，俄军完成了311架次战斗飞行，期间，对阿勒颇、伊德利卜、拉塔基亚、哈马、霍姆斯、大马士革、代尔祖尔、哈塞克、德拉及拉卡省境内1097个目标实施了打击，对非法武装分子的基础设施、石油开采加工设施、军事技术装备和有生力量聚集点实施了打击，降低了非法武装团伙的战斗潜力，对抗击"伊斯兰国"的叙利亚军队和爱国武装组织给予了直接支持。

为了达到更好的效果，俄军还十分注重支持爱国反对派对恐怖分子的作战行动。1月22~24日，俄驻叙利亚航空兵基地战机就对"伊斯兰国"实施密集空袭，以支援叙利亚政府军和爱国反对派的进攻，其间共出动169架次，打击恐怖分子基础设施目标484处。为了消灭代尔祖尔地区的"伊斯兰国"有生力量和技术装备，22~24日，图-22M3远程轰炸机从俄境内完成了 18 次战斗出动，飞行距离达 2000 多千米，成功摧毁所有预定打击目标。

（三）行动特点

一是注重策略应用，迫使美国及北约与土耳其击落俄苏 -24 战机进行切割。事件发生后，俄一方面坚持俄机未进入土领空、土方为蓄意挑衅，占据道义制高点；另一方面主动出击，直接质问土击落俄苏 -24 战机是否获美方同意，要北约对其负责。美国及北约在自知理亏的情况下，没有对土表明明确支持，而是要求双方保持克制，避免事态升级。

二是突出打击重点，将"伊斯兰国"与土耳其的勾结确定为政治军事斗争的首要打击目标。俄在国际上不断将土击落俄苏 -24 战机事件定性为与"恐怖分子同谋"。俄国防部和总参谋部还及时公布土耳其与"伊斯兰国"石油交易卫星图、从"伊斯兰国"控制地区向土耳其供应石油的主要路线等证据。普京还命令将"伊斯兰国"向土耳其走私石油的行为列为首要打击目标。

六、谈判调解阶段

2 月 22 日，美国与俄罗斯联合宣布叙利亚内战停火协议，宣布叙利亚内部冲突各方将于大马士革当地时间 2 月 27 日零点起执行停火协议，但这一停火协议并不适用于"伊斯兰国"和"努斯拉阵线"等联合国承认的恐怖组织。俄在叙军事行动由此进入停火调解阶段。3 月 14 日，俄总统普京宣布从叙境内撤出驻叙空天军集群主要力量，但依然保留了相当一部分兵力继续实施反恐作战行动。

（一）作战意图

监督停火执行情况，趁早高调撤军。

（二）作战过程

俄美虽然达成叙利亚内战停火协议，但停火不适用于俄罗斯和一系列国家被禁止的"伊斯兰国"和"胜利阵线"及其他联合国确认的恐怖组织，美、俄、叙三方打击"伊斯兰国"的军事行动不会停止。在此期间，俄军继续实施打击恐怖组织的作战行动，尤其是帮助叙军在攻克巴尔米拉的行动中发挥了重要作用。3月22~24日，驻叙俄空天军完成41架次飞行，支援叙政府军队对巴尔米拉的"伊斯兰国"武装分子的进攻，共摧毁恐怖分子146处设施，其中包括指挥所、弹药库、火炮、坦克和车辆。3月26日，驻叙俄空天军在叙利亚巴尔米拉地区完成了40次飞行，对恐怖分子的158个目标进行了打击，消灭了100余名恐怖分子、4辆坦克、3套炮兵装置、4个弹药仓库和5辆汽车。在这种高强度的控制打击下，叙政府军于26日当天成功从"伊斯兰国"恐怖组织手中解放巴尔米拉。

（三）行动特点

一是积极监督停火执行情况。为了对停火情况进行监督，俄在叙拉塔基亚军事基地成立了敌对双方停火中心，负责对叙利亚全国局势进行全面监控。为此，俄空天军每天动用至少70架无人机，还使用航天等各种侦察手段。为监视炮击情况，俄国防部还向拉塔基亚军事基地增派3套无人机系统和2套雷达系统。

二是突然宣布撤军。3月14日，俄总统普京突然宣布，俄国防部和武装力量在叙利亚的任务整体上已经完成，从15日起开始从叙利亚撤出主要军事力量。但仍保留塔尔图斯和赫梅米姆两个军事基地，并为其配备足够的保护兵力。这些兵力将在今后若干年长期存在，当前主要负责在叙利亚监督停火实施情况，为和平进程创造条件。

附件 2

俄罗斯地面无人系统的建设与运用

随着信息革命向纵深发展，无人作战装备已经成为新军事技术变革的重要阵地，全域无人作战发展势头强劲。世界上越来越多国家的军队热衷于军用无人系统的开发和应用，而且取得了较为明显的实战效果。

俄罗斯作为世界军事强国，无人系统的发展也是其装备建设的重点领域。其军用无人系统的发展 2010 年起步入快车道，成立了国防部机器人技术装备科学研究与试验总中心，制定了发展规划。目前已经研制出了近 30 种不同类型、不同用途和不同重量的无人战车，小的只有数百千克，中型的达到 15 吨，重型的基于"舰队"平台的无人坦克也在研制之中，品种繁多，功能齐全，其规模和发展势头引人瞩目。俄军无人化军事科技发展扎实迅速，机器人和军用无人机等无人化作战力量渐渐崭露头角。

一、发展沿革

作为军事大国俄罗斯很早就意识到军用无人系统发展的重要性，认为它们在装备序列中会发挥重要作用。《俄军事百科全书》对"机器人技术系统"的定义是："能够接收来自外部环境的信息，并在此基础上独立或在操作员的控制下完成一定的行动"。这一系统的结构组成通常包括：保障机器人技术系统与人或其他技术系统信息交换（通常人的信息通过控制台传达，也可以是语音控制。传感系统用于接收和转化关于周围环境的信息——光电、电视、超声等传感系统）的通信设备；根据传感系统信号，通过操纵器发出指令的指挥控制设备，操纵器可以是各种电键、传动装置和推进装置。陆上无人作战平台通常是指主要用于完成地面侦察、排险、抢救、运输等特殊作战任务的机器人。早在 1930 年苏联就测试了第一种无线电控制的"遥控坦克"。俄罗斯工程师在既没有液压系统，也没有现代电子设备的情况下，在电子管无线电台和继电器的基础上研制出一种全尺寸的 T-26"遥控坦克"。遥控坦克使用火焰喷射器和机枪射击，施放烟雾或喷洒化学战剂。在 30 年代组建了 2 个装备 50 多辆 T-26 遥控坦克的坦克营。这些遥控坦克曾成功地应用于曼纳海姆防线的突破。20 世纪 40 年代初，苏军还使用遥控坦克执行地雷场的侦察、遭受化学战剂攻击时向敌人开火等任务。这是无人化装备首次用于军事用途，也是无人化装备发展史上的一个重要转折点。

第二次世界大战中，德军使用了 SdKfz.302"哥利亚"遥控爆破车。1940 年末，攻占法国的德军从塞纳河中捞出了法国车辆设计师格尔尼斯开发的微型履带式样车，德国国防军军械办公室认为这一设计具有现实意义，便指令军工企业研制一种与之类似的无人装备。这项研制成果便是 SdKfz.302 遥控爆破车，又称为轻型炸药输送车。该车因其生产成本高，行驶速度慢，越障能力差，防护能力也一般，使用并不是很成功，但它为战后各种遥控军用车辆的研制奠定了基础。

二战后的"冷战"时期，世界各国军用无人化装备发展不是很快，但其发展走向了一个新的阶段。出现了能分析、能看、能听、能感觉、能辨别某些化学物质，并对水和土壤进行化学分析的智能车辆。那时，有两件事情对这类装备的研制产生了影响。1970 年 11 月 17 日，苏联月球车 1 号在无线电控制下在月球上行走，这是人类第一次在地球上对月球上的无人车进行远程控制。1986 年 5 月，切尔诺贝利核电站发生事故，苏军首次使用 15 种模块化无人车在严重辐射条件下展开了放射性废物的清理工作。因此，很明显，特殊用途的无人系统在实践中展现了特种作用。

20 世纪 90 年代末，许多国家又掀起了发展军用无人系统的高潮，热衷于发展军用无人系统。2000 年，俄罗斯在车臣应用"瓦夏"侦察机器人成功进行了探测和清除放射性物质的工作。2010 年俄罗斯军用无人系统的发展步入快车道，成立了国防部机器人技术装备科学研究与试验总中心，制定了发展规划。2014 年 10 月，俄罗斯国防部批准了《2025 年前先进军用机器人技术装备研制综合目标规划》，也称为《2025 年前未来军用机器人技术装备研发》综合专项计划。俄罗斯为此成立了相应机构，建立了组织协调机制，并与工业部门协同开展军用无人系统的研制开发工作。

二、无人系统的发展现状

俄罗斯无人地面装备的快速发展并装备部队，得到了俄军的青睐和大众媒体的高度评价。目前已经研制出了近 30 种不同类型（轻小型、中型、重型）、不同用途（作战、侦察、扫雷、三防、反恐、技术后勤保障等）和不同重量的无人战车，品种繁多，功能齐全，其规模和发展势头良好。

俄陆军无人战车基本上都是出自 2012 年成立的"未来研究基金会"出资支持的研究项目，除支持无人战车的研制外，还支持研发了多款非常科幻的单兵作战系统。2014 年 2 月 15 日，政府总理梅德韦杰夫签署命令，宣布成立国防部机器人技术装备科学研究与试验总中心。根据命令，该中心为联邦国有预算企业，隶属于俄联邦国防部。成立该中心的初衷是参考了国外经验，通过建立特殊部门从事突破性的高风险研究，开发军民两用技术和产品，实现保障国家安全和武装力量现代化改革的目标。俄联邦政府在莫斯科市中心划拨了 5 块地，分别用于办公、科研、实验设计及生产，总占地面积 6.5 万平方米。

中心的主要职责是：行使机器人技术领域科研与试验设计工作牵头执行机构的职责；建立并发展研究室实验、试验以及生产基地。形成机器人技术科学技术储备；在签订合作协议基础上，吸引其他机构和专家参与完成国家任务和科研及试验设计工作。2014 年 10 月，俄罗斯国防部长批准了《2025 年前先进军用机器人技术装备研制综合目标规划》，也称为《2025 年前未来军用机器人技术装备研发》综合专项计划。俄罗斯为此成立了相应机构，建立了组织协调机制，并与工业部门协同开展军用无人系统的研制开发工作。该项规划有利于有效协调该领域的研究。计划到2025 年在俄军装备总结构中的比例将达到 30%。为实现这个目标，俄国防工业委员会组建了"机器人技术实验室"跨部门工作组，将其作为订购方、科研机构和工业企业之间的管理中心和一体化平台。军用机器人技术装备发展专项纲要原则和方法是构想的基础，在高技术军用机器人研制和俄联邦武装力量诸军兵种现有武器、军事和特种技术装备改进过程中具有现实意义。

2014 年 11 月 7 日，陆军组建了第一个战斗机器人连。此后，战斗机器人连陆续在俄罗斯各军区和舰队组建，其编制和指挥结构一并进行制定，并在叙利亚战争中接受考验，明确在战斗条件下的使用战术。

2015 年 1 月 20 日，总统普京前往莫斯科郊外的俄罗斯中央科研精密机械设备研究所，观看该所最新研制的作战机器人。这个机器人出场很特别，它驾驶一辆四轮越野摩托车，向普京缓缓驶来。为展示自己的作战能力和枪法，它还持枪射击 5 次，能像人一样驾驶摩托车，外形与真人十分相似。它头戴银白色头盔，身穿军绿色上衣，腿部和双手的机械构造清晰可见。它的四肢装有传感器，可远程操控。设计者称，这款机器人功能齐全，作战技能几乎不逊于人类，可以在各种地点独立有效工作，适应多种地形并可胜任驾车和急救等工作。试想，如果这类机器人未来驾驶坦克装甲车辆或编队独立作战是什么场景。

同年 7 月 5 日，首批陆上"三防"机器人装备俄军三防部队，用于辐射、化学和生物污染侦察与防护。同年 10 月，太平洋舰队海军陆战队装备的"平台"M 无人战车开始部署在军港和重要的核潜艇基地，用于巡逻、侦察和防卫。

2015 年，首批组建了 300 人规模的装备"天王星"-6 无人车的扫雷部队，随后开始在俄罗斯高加索地区的车臣和印古什共和国执行扫雷任务。出色的表现使得俄国防部将大量列装时间从 2020 年提前到 2017 年。"天王星"6 搭载了先进的计算机和探测装置，可以自主识别未引爆的航弹和反坦克地雷，连续工作时间最高可达 16 小时，可以完成 2000 平方米/小时雷区扫除任务，这相当于 20 名工兵的工作量。这种无人扫雷车不仅具有 5 种工作模式，而且排雷时可承受 60 千克 TNT 炸药爆炸的毁伤，大大减轻了俄军的排雷工作量和人员伤亡的压力。

2015 年 12 月 16 日，俄总统普京签署了"成立国家机器人技术发展中心"的总统令。根据总统令，该中心主要职责是监管和组织军用、专用和两用机器人技术领域的相关工作，以及保障执行先期研究基金会委托的任务。从法令中可见，机器人系统是俄罗斯科学技术发展的优先方向。

2016 年 1 与 24 日，俄军在穆罗姆组建了一个装备"天王星"-14 消防无人车的连队。同年 2 月 10 日，国防部在"爱国者"公园召开了首届机器人技术军事科学大会。这次大会成为了讨论机器人化问题的专业讨论平台，是国防部领导人员、强力机构、政府军事工业委员会、科研机构和军工企业代表的首次机器人技术主题活动。会议期间展示了一些部队在用的装备，除了前面提到的"天王星"系统，还展示了新型高机动性越野机器人技术平台、"旋风"多功能无人战车系统等。

同年 3 月 27 日，叙利亚政府军宣布收复被誉为"沙漠珍珠"的叙利亚古城帕尔米拉。俄罗斯随后派遣工兵小组及必要装备协助排除帕尔米拉的地雷。随着微电子技术的不断升级，地雷的智能化水平越来越高，这对扫雷技术提出了更高挑战。因此在帕尔米拉扫雷行动中，俄军大量使用了"天王星"-6 无人车，并发挥了其良好的实战性能。

同年 3 月 31 日，俄军驻伊尔库茨克地区部队装备了最新型"寄食者"无人战车。同年 5 月 13 日，国防部新闻与信息管理局称："为确认并修正开发地面机器人系统的方向，在国防部机器人技术装备科学研究与试验总中心主任波波夫上校主持下，中心主办了主题为'地面机器人系统使用效率系统评估方法基础'的圆桌会议。"这次会议符合国家通过的在 2025 年前进行军队机器人化的目标计划。会上讨论了机器人的使用，在现有经验基础上用于扫雷、观测和侦察的相关问题。与会者制定了将地面机器人技术用于军事目的的标准和方针。俄军主管部门代表、30 多家龙头军工企业及普通高校和军校代表参加此次会议。

2017 年 3 月 23 日，在"爱国者"会展中心举行了第二届"俄联邦武装力量机器人化"军事科学代表大会，主办方是俄国防部科研活动和先进工艺技术跟踪（创新研究）总局。大会邀请了俄联邦科学院学者，国防工业综合体企业代表，以国防工业委员会委员马尔季亚夫为首的俄联邦国防工业委员会权威专家，对与国家武装力量机器人化有关问题进行了广泛讨论，代表大会成为就军用机器人技术进行学术交流的平台，进而转化为创新性构想并促进方案的具体落实。

2018 年 3 月中旬，国防部长绍伊古在一个国内论坛上声称："俄军的作战机器人可能于今年开始批量生产。"俄军已经实施了由人类远程操作的军用机器人作战系统的作战概念。它特别强调"遥控"车辆（向敌人开火需要操作员控制的机器人）是俄军的优先选项。同月，国防部、联邦教育和科学部以及科学院联合召开评估世界人工智能实力的会议，会议汇集了国内外开发人员和用户，聚焦于制定计划，使俄罗斯的学术、科学和商业界能够参与竞争。会后，国防部发布了雄心勃勃的"人工智能十大计划"。

同年 5 月 9 日，在莫斯科举行的纪念胜利阅兵式上，"天王星"-6 无人车等 7 种新型武器装备首次与其他武器装备一起亮相，引起世人关注。同年 8 月，在"军队-2018"国际军事技术论坛和"国家安全周"国际论坛期间。俄联邦执行机构相关部门和专家还共同探讨了人工智能方案。在论坛武器装备展上，有多款无人战车亮相，例如"天王星"-9 无人战车、"天王星"-6 无人战车、"战友"无人车，"涅列赫塔"无人车在开幕式上进行了机动性展示。

2018 年 9 月，国防部在黑海沿海城市阿纳帕正式开建人工智能实验室，计划 2020 年完工。2018 年 11 月 15 日，国防部在莫斯科近郊库宾卡"爱国者"展览中心基地进行了第二届"青年机器人工作者"框架内的青年科技会议，国防部科学和创新研究总局局长罗曼·科尔久科夫少将主持了这次会议。来自全国各地 27 所国防院校的 319 名学生，以及军方相关机构、研究机构的负责人和专家学者参加了会议。会议的主要目标之一是吸引学生在机器人领域发挥创新、科学和技术创造力，在创新技术、机器人技术、机电一体化和编程领域为学生提供新的知识、技能和能力。

科尔久科夫少将主持了这次会议,并在开幕式上致词,他说:"为了俄罗斯利益研制机器人技术系统是国家的一项重要任务,国家领导人对此非常重视。目前,由于人类活动需要开发新领域、新地域,机器人技术是积极发展的科学方向。"会议期间展示了学生制作的 200 多件机器人样品。这些展品突出了机器人建模和结构设计、模块和系统编程问题。会议期间首次举办了"机器人两项"赛。这项赛事规则与"坦克两项"比赛相似。为该项比赛还专门准备了带有各种模拟障碍的专用赛道。在比赛中,参赛者展示了远程控制技能,以及使他们的机器人能够克服困难障碍的设计解决方案。国防部机器人技术装备科学研究与试验总中心波波夫上校主持了本届机器人样车的展示和首届"机器人两项"赛,并对其做了高度评价。

为全面直观了解俄罗斯地面无人装备的发展,这里重点介绍几种有代表性的型号。

"天王星"系列无人战车。该车由俄国防部第 766 生产技术工艺集成配套公司研制生产,"天王星"-9 是基础型号,它是重 12 吨的无线电控制的重量级无人战车。该车就像一座小型军火库,可以摧毁坦克,执行侦测、火力支援任务,也能适应城市环境作战。2015 年 5 月 14 日,该型战车在南部军区新罗西斯克的拉耶夫斯基合成靶场进行了在部队分队编成内遂行战斗任务试验。本次试验中,战车完成了地形侦察,使用机枪和机关炮等武器在最大射程内打击目标,还使用反坦克导弹成功摧毁了坦克装甲车辆。俄国防部宣布,该型无人战车的国家试验 2018 年内结束。

该型无人战车的火力令人印象深刻,包括 2A72 型 30 毫米机关炮、

PKTM并列机枪、"攻击"反坦克导弹、"针"式防空导弹系统以及"黄蜂"M火焰喷射器等。其主要任务是为部分队提供远程情报和火力支援。"攻击"反坦克导弹可摧毁5000千米范围内的装甲装备。上述武器配置的毁伤效果高于现役的BMP-2步兵战车。甚至有人认为其破坏威力可与152毫米榴弹炮媲美。武器系统也可依据用户的需求配置,因此俄罗斯现在公开展示的"天王星"9有多种武器系统类型的配置。此外,武器系统和成像系统可以升至车体顶部,使系统能在战车处于掩体内时使用。

战车底盘采用履带式,车体为防弹装甲,车长5.12米,车宽为2.528米,车高为3.730米,战车全重12吨。动力装置类型为柴电混合,单位功率23.5千瓦/吨,最大公路速度为35千米/小时,最大土路速度25千米/小时。最大行程为200千米,无补给连续工作时间为6小时,单位压力0.6千克/平方厘米。该车在主发动机关闭由蓄电池供电的情况下,可以在静默状态下机动。设计师的想法是,"天王星"必须成双成对配合工作,即火力支援无人战车与侦察无人车配对。它们的车体内可配置瞄准系统、测距仪、搜索和通信系统、行驶控制和火力系统等不同设备。所有这些设备由车载计算机控制。研制该车的目的是有助于提高部队作战效能,减少战时人员伤亡。

该型战车还配置有激光告警系统和目标探测、识别和跟踪系统。相关系统可通过加密无线电通道将包括视频图像在内的所有战车信息实时传送到移动指挥车,操作员可利用车载自动化系统,实现对该型无人车的实时监控和遥控。

战时，该车按照遂行装甲指挥车上操控者设定的路线行进，并能自动辨识、绕过障碍物，自动追踪目标，但攻击行动完全听从后方操作员的命令。操纵台设置在距离无人战车 1000 米处有防护的指挥车里，无人战车上 4 部摄像机的信号通过无线电传输到指挥车操作台，操作员据此来控制无人战车的行动。若要进行射击，需要向火控系统输入必要的空气温度、风速和风向的弹道数据，如果用机枪射击还需要提供连发射击时间。然后，打开武器保险，无人车接受开火指令。战车能够发现敌人射向自己的激光，并发射烟雾弹掩护自己。

该车最大优势是最大限度地实现了机器人化，能按照预定程序，越过或绕行前进道路上的障碍，自主到达指定位置。当然，目前还无法实现绝对的自主行动，在一些特定情况下，仍需操控人员遥控。

该车采用模块化设计，可以快速地从其他车辆上卸下带武器的炮塔，并换装其他型号的武器站。操作该型战车甚至可以是新手——这个过程类似于玩电脑游戏。根据开发者提供的数据，操作员界面被有意设计成与游戏类似。

研制单位除研发攻击型无人战车外，还在其基础上研制出了"天王星"－6 工兵无人车和"天王星"－14 消防无人车。工兵无人车在俄罗斯车臣和叙利亚中部古城巴尔米拉执行过扫雷任务，它曾在 10 天内清除 4 万平方米地域内的所有爆炸物，其单日工作量能顶 20 名工兵，在测试中爆炸物清除率不低于 95%。

工兵无人车重量为 5.3 吨，车长 4.565 米，车宽 2.015 米，车高 1.470

米。其装甲可抵御地雷破片的攻击，能够防护 7.62 毫米机枪弹。该车连续工作时间较长，可不间断作业 16 小时。"天王星"-9 在使用中也暴露出不足，需要继续改进完善。第三中央科学研究所建议在强攻目标和设防坚固地区应用现有的无人战车，以及与近战工程和诸兵种合成分队协同中，用以摧毁敌人的装甲目标和火力设备。同时报告还指出，在最近 10～15 年间，无人战车系统将无法在战斗条件下独立完成任务。"天王星"-14 无人消防车，底盘与"天王星"-6 类似，车体内放置 600 升水箱，显得略高。车顶安装消防梯状 360 度旋转式折叠支架，其上可架设高压水枪等各类消防器械。全重 14 吨，遥控和半自主工作。目前，俄以该型机器人为主试点组建了消防机器人连。

"战友"无人战车。"战友"无人战车由"卡拉什尼可夫"康采恩研制，配备了多部摄像机和遥控武器站，武器站可安装 7.62 和 12.7 毫米机枪，也可安装 AG-17A 型 30 毫米榴弹发射器或 8 枚"短号"EM 反坦克导弹。用于执行作战侦察、对战场上士兵进行火力支援等任务。

武器站装有陀螺稳定的武器，能够检测、伴随和摧毁规定类型目标。强大的武器和重要的观测系统能够使该车获得必不可少的侦察、巡逻和快速识别渗入的敌对分子的能力。该系统特有的光电套件使其能够探测最远到 2500 米外的目标。

7 吨级无线电控制的"战友"无人车拥有三种工作模式，最令人惊讶的是其行驶的敏捷性——行驶速度高达 40 千米/小时。遥控半径达 10 千米，因此"战友"配备了一个与无人机协同的系统。昂贵的组件配置在装甲车体内，它可以防御步兵武器、地雷破片和炮弹破片的攻击。

据报道，首批生产的"战友"已经在最近一两年内装备部队。"卡拉什尼可夫"康采恩特别青睐携带武器的无人车的研制工作，他们不会在"战友"面前止步，并将致力于新型武器站和其他轻重型无人战车的研制工作，该公司代表表示："国内外潜在客户都已经对该平台表示兴趣"。

"寄食者"无人战车。该车也是由"卡拉什尼可夫"康采恩研制开发。2017 年年初，该单位首次声称，"战友"的队友——"寄食者"无人战车亮相。无人战车原型车配置有探测和监测设备，武器为图拉生产的 GShG-7.62 航空机枪。其重量和火力设备逊色于"战友"，在战斗中将担当支持角色。例如保护"战友"免受敌人有生力量的攻击。

更为重要的是，"寄食者"承担上述任务，配置机枪最为合适。GShG-7.62 航空机枪采用高速转速 4 枪管加特林转管模式设计。它不需要像外国类似的电动旋转，而是使用内力的气动式枪机操作。每分钟 6 千发的射速令敌人望而却步。

据公司的代表说，该型无人战车的名字是因为研制它时挪用了"战友"无人战车的预算。"寄食者"这个小战士也可以配备单管机枪——其版本在"军队-2017"国际军事论坛期间也进行了展示。该型无人战车数据至今透露的非常少。其战术技术性能严格保密，但他是众所周知的未来无人战车原型车，其中包含了最高端的技术。2016 年 3 月 31 日，俄军驻伊尔库斯克地区的部队已经装备了"寄食者"无人战车。

"平台"M无人战车。该车由"进步"科学技术研究所股份公司 2014

年研制，并批量生产。2015 年在加里宁格勒举行的胜利日阅兵式上，首次向公众展示。2015 年 10 月首次装备海军陆战队。该车战斗全重 0.8 吨，车长 1.6 米，车宽 1.2 米，但其作战能力并不逊于更大型的无人车。车载武器系统包括 4 具 AGS-30 榴弹发射器和升级型 PKTM7.62 毫米坦克机枪，携带机枪弹 400 发，也可配置 4 具 RPG-26 反弹火箭筒、其他型号机枪和反坦克火箭筒，以及光电侦察设备。

按俄罗斯国防部的说法，该车拥有"在自动和半自动模式下控制武器、协调作战、击中目标的能力"。采用小型履带式底盘和模块化设计，安装不同任务模块后，可实现火力支援、炮兵侦察等多项任务。2014 年首次参加了在加里宁格勒举行的军演。2015 年 11 月，在俄国防部"创新日"上，首次展出引起外界关注。

"平台"M 每侧有 6 个小直径负重轮，配备橡胶履带和独立悬挂装置，可在沙地、雪地、草原、泥地和碎石等复杂地面上行驶。车上装有大功率锂电池组，电驱动行动部分使战场速度达到 12 千米/小时，但在目前情况下，它不是最重要的。爬坡度为 25 度，越障高 0.21 米。其续航能力较强，蓄电池充一次电可连续行驶 6 小时，俄罗斯《武器》杂志报道为 10 小时，使其成为一辆出色的无声巡逻战车。该车重量不超过 1.2 吨，可使用任何型号的载重汽车运输。俄军在加里宁格勒地区部署了可远程控制的"平台"战车，用于"伊斯坎德尔"近程导弹部署地的防卫。它配备的光学电子和无线电侦察定位器使其可在不暴露自身的前提下执行夜间战斗任务。它可承受极度低温，适用于任何天气条件。此外，它还能运载多达

300 千克的有效载荷。其装甲能够抵御步兵武器射击。虽然目前该车只是配角，相信在不久的将来，像"涅列赫塔"这样的无人战车可能真的会取代人类，成为未来战场上的主角。

"猞猁"仿生机器人。2016 年 4 月，俄罗斯首个"猞猁"仿生机器人公开展出。该机器人以科夫罗夫的"信号"科学研究院股份公司为主，联合其他企业共同研制。该机器人有四条腿，这意味着它将类似某些四足类生物的外形。该作战机器人很可能会配备机枪，也有可能会安装反坦克导弹。

据公司介绍，在基型仿生机器人基础上，可研制以下 6 种功能机器人：侦察和监视、分队火力支援、探查和销毁爆炸装置、从战场上疏散伤员、弹药和设备运输及工程侦察。

"火星"A-800 无人保障车。该车由梁赞"极光"设计局有限责任公司研制，在 2015 年俄罗斯下塔吉尔举办的第十届武器、军事装备和弹药展览上首次展出。该车 2010 年开始研发，2016 年在梁赞空降兵学校对其进行了试验，获得了积极评价。在概念上，该型机器人类似于美国的"班用任务系统"、"骆驼"多载荷机械设备越野车等，用于伴随步兵分队或特战班组，承担运输和后勤技术保障任务，其中包括弹药运输、食品运输和伤员后送。

该型无人车是在"虎"式两栖轻型履带底盘上制造的，车长为 3 米，车宽为 2.15 米，车高为 1.27 米，重量为 950 千克。它最多可以搭载 6 人（车两侧顶部各设两个座位），或运输各种物资，其中包括弹药，运载重量不超过 500 千克。在必要时，装载平台还可以安装设备或武器。车内拥有容量为 800 升的空间。配备功率为 47.8 千瓦发动机的高机动性两栖底盘可在陆上以 35 千米/小时的速度行驶，水上速度为 5 千米/小时，最大储备行程为 200 千米（安装附加油箱时 500 千米）。可在不同的天气条件下在各种地形上使用。工作环境温度为正负 40 摄氏度，可 24 小时使用。作为空降车辆使用时，可用降落伞系统空投。内在发电机可用于分队露营地供电或为专用设备蓄电池充电。

梁赞"极光"设计局研制的车载自主控制系统包括摄像机系统、激光扫描仪、惯性和卫星导航系统。因此，A-800 无人车能够自主寻找行进路线，在崎岖的地形上实现自主行驶、察看和绕过障碍。据报道，该型控制系统与"士兵"电子制服兼容。

该车基本工作模式是：

"跟随领队行驶"："火星"A-800 操作员将有效的跟踪标志固定在自己的作战服上。平台跟踪移动的标志，并跟随标志行进。根据引导者行驶的特点和距离选择调整。在行驶过程中，系统可自主选择行驶路线，绕过遇到的障碍物；

"预设路线行驶"：在地图上标定指定目标或按以前保存的地点实现。在这种模式下，该车可以自主运输货物（食品、弹药），后送伤员，进行侦查；

"循环路线行驶"：在预定的路线上循环行驶，观察和发现目标，跟踪接收来自摄像机和雷达的数据；

"由操作员遥控"：该平台可在遥控工况下，由操作员借助遥控器操控。在许多情况下都需要这种能力，如培训、克服困难障碍、装载/卸载等。

三、叙利亚战争中俄军无人装备的运用

（一）机器人的运用

军事介入叙利亚行动虽然仅是一场中小规模的局部冲突，而且双方实力相差悬殊，俄罗斯联邦武装力量却投入了近两百种装备，可以看出，以战代训、以战促赛、以战试装的用意不言而喻。而叙利亚独特的地理条件、丰富的目标和任务类型以及较少的地面威胁，也为俄军创造了理想的武器测试和评估环境。众所周知，无人作战装备已经成为新军事技术变革的重要阵地，俄罗斯将研发重点放在陆上、水上和水下的机器人，并实现其功能"多样化"。2015 年年初，战斗机器人连开始在俄罗斯各军区和舰队组建，其编制和指挥结构一并进行制定，并在叙利亚战争中接受考验，明确在战斗条件下的使用战术。在叙利亚地面战场，俄罗斯陆上力量开始实践无人作战模式，"平台"-M（Platform-M）履带式战斗机器人，"阿尔戈"（Argo）轮式战斗机器人、"铀"-9（Uran-9）多功能战斗机器人、"铀"-6（Uran-6）多功能扫雷机器人悉数登场。战斗机器人在有力减轻作战人员伤亡的同时，更加高效地完成了打击任务。2015 年年底，叙利亚政府军一次在俄罗斯战斗机器人的支援下强攻伊斯兰极端势力据点的

战斗过程，俄媒体高调宣称这是世界上第一场以战斗机器人为主的攻坚作战。此役是围绕叙利亚拉塔基亚省一处由伊斯兰极端势力据守的754.5高地展开的。战斗中，俄军投入了4台"平台"-M（Platform-M）履带式战斗机器人、2台"阿尔戈"（Argo）轮式战斗机器人和至少一架无人机。这些机器人和无人机借助部署在战区的"仙女座"-D轻型自动化指挥系统，由俄军遥控指挥，一次明晰的无人战斗跃然纸上。战斗打响后，俄军无人机首先升空，将战场情况实时传送到自动化指挥系统。操作员操作战斗机器人抵近武装分子据点，并使用机枪和反坦克导弹进行攻击，叙利亚政府军的步兵则在战斗机器人身后的安全距离对武装分子进行清扫。当遇到坚固火力点时，位于己方阵地上的2S3式152毫米自行加榴炮根据无人机和战斗机器人传回的画面，进行定点炮击，彻底摧毁目标。战斗持续了20分钟，有大约70名武装分子被击毙，而参与直接进攻的叙利亚政府军只有4名士兵受伤。可以说无人作战平台给予地面人员巨大的攻击优势，密集猛烈的攻势使极端势力武装分子毫无还手之力，显示出了战斗机器人的巨大优势。2016年3月27日，叙利亚政府军宣布收复被誉为"沙漠珍珠"的叙利亚古城帕尔米拉。俄罗斯随后派遣工兵小组及必要装备协助排除帕尔米拉的地雷，这座"丝绸之路"上的名城在2015年3月被"伊斯兰国"恐怖组织占领后，除了恐怖分子大肆破坏和洗劫历史文物外，市区还被埋设了大量地雷和自制炸弹。随着微电子技术的不断升级，地雷的智能化水平越来越高，这对扫雷技术提出了更高挑战。因此在帕尔米拉扫雷行动中，俄军大量操作使用无人装备，"铀"-6多功能机器人发挥了良好的实战性能（附图 2-1）。

附图 2-1

这款先进的扫雷机器人技术借鉴自克罗地亚生产的"MV"-4 扫雷机器人，2015 年首批装备配于新组建的 300 人规模的扫雷部队，随后开始在俄罗斯高加索地区的车臣和印古什共和国执行扫雷任务，出色的表现使得俄罗斯国防部将大量列装时间从 2020 年提前到 2017 年。"铀"-6 扫雷机器人搭载了先进的计算机和探测装置，可以自主识别未引爆的航弹和反坦克地雷，连续工作时间最高可达 16 小时，每小时可以完成 2000 平方米雷区扫除任务，这相当于 20 名工兵的工作量。

俄罗斯在叙利亚战争中主要动用了有限的几种陆上机器人。其实，除上述提及的型号外，俄军还装备有 URP-01G 机器人平台、"暗语"战斗机器人、"狼"-2 移动机器人以及专门用来保障战略火箭兵和侦察兵的固定机器人、地下追踪机器人。而俄军正在试验的"天王星"系列多功能机器人，拥有包括"天王星"-6 型排雷机器人、"天王星"-9 型战斗机器人、"天王星"-14 型消防机器人，可谓功能多样，品种齐全。

（二）军用无人机的运用

在近几场局部战争中，无人化航空平台凭借独特的作战优势，成了俄国防领域的"新宠儿"。近年来，俄罗斯无人机研发势头强劲，2011 年俄军仅有 180 架无人机，而现在已拥有 1720 架现代化无人机。凭借组建无人机管理机构，加强专业人才培养，俄军已组建无人机分队，目前已渐渐形成作战力量。这些科研成果亟须战火的淬炼，于是这些空天力量的新武器开始大量试水叙利亚战场。入叙作战前两个月刚刚组建的俄空天军，此次共完成超过 1.9 万次战斗飞行，摧毁目标 7.1 万处，全面考验了其指挥控制、侦察探测、火力打击、海空机动等能力（如附图 2-2）。

附图 2-2

俄军在叙利亚行动中主要使用的无人机是近年来装备的俄罗斯国产型号"副翼"-3SV（Eleron-3SV）无人机、"海雕"-10（Orlan-10）无人机等以及采购自以色列的"搜索者"-Mk2（Searcher Mk2）无人机、"鸟眼"-400（Bird Eye 400）无人机等。在空中侦察方面，俄空天军充分使用伊尔-20电子侦察机和"海雕"-10无人侦察机对叙境内各类战场目标实施侦察；在空中打击效果评估方面，作战飞机对目标实施打击后，无人机即赴打击区执行效果评估和再次侦察任务；在搜索救援任务中，无人机在确定目标位置后，搜救飞机迅速抵目标区域实施营救。2015年9月30日，俄军对叙利亚境内"伊斯兰国"极端势力实施空中打击。在作战行动前，俄军预先部署了大约10余架"海雕"-10无人侦察机。在无人机多功能支持下，俄军完成了目标指示、对航空兵打击效果进行评估和实施侦察，在有人机与无人机的战术配合中积累了经验。其中，伊尔-20电子侦察机和"海雕"-10无人侦察机适用于空中侦察，帮助俄军明确各类战场目标。"海雕"-10无人侦察机凭借16小时的飞行时间，可以在控制站120千米内的范围使用，目前是俄罗斯应用最多的无人机之一。其可在对目标实施打击后，即赴打击区执行效果评估和再次侦察任务。比如2015年10月10日，俄国防部向媒体展示了无人机拍摄的俄军对"伊斯兰国"目标实施轰炸的视频，表明俄军通过无人机对轰炸打击的效果进行拍照录像以便进行战果评估。此外，俄制无人机还协助叙利亚进行了军事行动。2015年10月4日，俄空军在叙利亚拉卡省的埃特塔布卡地区对"伊斯兰国"武装分子训练中心实施了空袭，大批基础设施被摧毁。消息指出，数架苏-34战机使用制导炸弹进行了空袭，武器库发生连环爆炸后，训练中心基础设施被成功炸毁。对于武器库这样的高价值目标，苏-34强大的精确打击能力正好有了用武之地。2015年11月24日，俄罗斯空军一架苏-24歼击轰炸机被土耳其空军击落，正是俄"海雕"-10无人机率先发现飞行员所在位置，并为后续营救行动提供准确引导，保障了营救行动顺利进行。

为了有效拓展无人机执行多样化作战能力，近年来，俄军积极研发了多种无人机：一是研发新型高速攻击无人机。包括正在研制中的"瞳孔"中程攻击无人机和"猎人"远程攻击无人机。二是升级"海盗"中型近程无人机。俄已开始大规模量产"海盗"新一代中型近程无人机，目前正在研究拓展该型机作战潜能，未来计划将其升级为攻击型无人机。三是试验近程攻击无人机。俄罗斯ЮВС航空公司正在试验可携带自动射击武器的"石榴树"ВА-1200型近程攻击无人机。四是俄无线电技术公司计划以"雅克"-130型机为基础研制攻击无人机。该公司将对"雅克"-130型机载无线电电子装备进行实质性改进，使其推重和及功能实现优化。在加快研制攻击型无人机的同时，俄在《2025年前无人机航空发展计划》中计划为攻击型无人机研制专用弹药。目前，俄"技术机械"公司正在对攻击型无人机专用弹药进行相关试验（如附图2-3）。

附图2-3

　　俄罗斯还传出将装备新型太阳能高空无人机"猫头鹰"。"猫头鹰"利用太阳能和气流，可在全球大洋和北极等边远地区上空进行长期不间断巡逻。太阳能无人机的长航时和高机动特性，可以有效替代昂贵的低轨侦察卫星和通信卫星。目前，该型无人机已完成测试。

附件 3

俄罗斯空天军在叙利亚战场的主要装备及运用特点

一、新星登场

（一）苏-35 "超级侧卫"多用途歼击机

众所周知，俄罗斯最新型的苏-35多用途歼击机已经飞抵叙利亚，开始担负昼夜战斗值班。一旦拉响战斗警报，战机几分种内就可以升空作战。

目前苏-35主要遂行下列重要任务：保障俄罗斯空天军在叙利亚整个航空集群的安全。苏-35配备了最新的武器装备和各类先进防护设备。

俄军专家称，苏-35能够在15~20分钟内从西向东飞越叙利亚整个领土。

苏-35多用途歼击机不仅能够掩护轰炸机，而且能够独立攻击地面目标。战机采用了一定的隐身技术。

俄联邦国防部代表、伊戈尔·科纳申科夫少将确认，苏-35S超机动歼击机完全胜任在叙利亚的战斗任务："我们向叙利亚派遣了目前我国最先进的歼击机 - 超机动的苏 -35S，属于第 4++ 代。尽管俄罗斯航空兵集群在数量上不及不远处的土耳其空军，但目前的编成足以应对可能的挑衅，甚至是更严重的冲突。但我认为，土耳其今后不会与我发生直接的空中冲突"。

他指出，俄罗斯所有战机在叙利亚天空遂行战斗任务时，一定会得到俄罗斯、叙利亚歼击机、先进防空系统，如 S-400 的可靠掩护。

将最新的苏 -35 歼击机投入叙利亚战场，主要出于下列目的：

一是加强对俄罗斯空天军集群的空中掩护。《华盛顿时报》军事观察员指出："将苏 -35S 和 S-400 系统部署在叙利亚，意味着俄罗斯能够在该地区任何地点可靠地保卫自己的航空兵，并使用优于北约的武器装备"。

另一个重要任务 - 实战条件下检验新型技术装备。例如机载电子设备研制人员感兴趣的是，在剧烈的空中运动、大量监视雷达和电子对抗系统开机条件下，战机表现究竟如何。

俄官方消息称，苏 -35 能够有效掌控空中局势，保证俄罗斯轰炸机、强击机不受阻碍地展开行动。

苏 -35 歼击机属于第 4++ 代，其中采用了第 5 代战机苏 -57 的许多先进技术：例如世界上最强大的"雪豹"雷达系统，能够发现 400 千米之外的目标，能够同时跟踪 30 个空中目标或 4 个地面目标，对其中最危险的 8 个目标实施攻击。机上安装了捷联惯导系统，能够借助 GPS 或"格罗纳斯"卫星进行定位，也可以不使用卫星进行导航。

战机翼尖携带"希比内山"电子对抗吊舱。电子对抗设备能够防护战机免遭敌方导弹的攻击，破坏其目标导引。

五角大楼的一名高官指出："对敌方而言，这是一款非常先进和危险的战机"。

1. 实战是检验战机性能的最高标准

叙利亚的作战行动非常有利于评估战机机载雷达的工作情况：实战条件下表现究竟如何。任务是研究在敌方使用电子对抗系统的条件下战机能否可靠发现目标，对手的雷达能否发现苏–35？此外，要在剧烈的空中运动、大量监视雷达开机条件下，试验新型战机。机会千载难逢。

俄罗斯最新的苏–35S歼击机抵达叙利亚"赫梅米姆"空军基地后，已完成多次战斗出动。此前，苏–35从未参加过实战。空中的苏–35双机能够有效控制半径达400千米的空域，并对多个目标同时发动攻击。

关于苏–35的一段趣闻：2008年7月，美国空军在位于夏威夷的希卡姆空军基地组织了一场有苏–35参加的模拟空战，对手是美国现役的先进歼击机：F–22、F/A–18"超级大黄蜂"和F–35。澳大利亚空军、军事情报部门的代表见证了这次模拟空战。了解此事的澳大利亚议员Dennis Jensen声称："绝密的模拟空战显示，面对强大的苏–35，美国的F–35不堪一击"。

苏霍伊公司认为，苏–35战机作为第4++代战机，具备五代机的某些特征，即具备一定的隐身性能。之所以能够击落隐身战机，很大程度上是因为具备超机动性。苏–35的动力装置保障战机可以完成最复杂的机动动作，包括著名的"普加乔夫眼镜蛇"、"弗罗洛夫法轮"和令人匪夷所思的"摊煎饼"（几乎在原地做360度水平转弯）。许多航空专家指出，这些机动动作有助于苏-35在未来的空战中夺取空中优势。"这些机动动作不仅仅是在空中炫耀令人眼花缭乱的飞行绝技。苏-35令人无法预测的空中轨迹可能导致敌人的导弹制导程序发生错乱，而此时苏-35却可以发射近距格斗导弹，以很高的概率击落敌机"。

苏霍伊试验设计局的著名试飞员谢尔盖·波戈丹指出："当年驾驶苏-27完成了"眼镜蛇"机动，速度的急剧改变会破坏敌方歼击机多普勒火控雷达的跟踪。而苏-35S的这一机动更加有效，因为完成这一机动后，飞机员可以随心所欲地让战机朝向任何方向"。

近距格斗中，苏-35具备超机动性，可以最小速度飞行，同时又可以迅速将速度增大至超音速，由"猎物"瞬间变成"猎手"。苏-35的最大速度可达2.5马赫，最大航程3600千米，空战中，战机最多可以携带12枚中距空空导弹。

尽管苏-35属于第4++代战机，但在综合性能方面，完全接近第五代战机，因为满足了对第五代战机提出的大部分要求。

俄罗斯国防部副部长尤里·鲍里索夫指出，俄罗斯航空兵在叙利亚的成功行动，导致许多外国伙伴对俄罗斯战机趋之若鹜。

他说："今天部队已经列装了足够数量、在性能方面不亚于西方的先进战机——苏-34和苏-35。这是我们武装力量的骄傲，这将长期决定我方航空兵的状况。正如你们了解的那样，这些型号在叙利亚冲突中展示了强大的战斗力，想要采购的国家已经排起了长队"。

2.设计理念先进

首先，苏–35采用加强结构机体，可将飞机的寿命延长至6000小时或30年（第一次检查恢复维修和维修间的期限延长至1500小时或10年）。在气动布局方面，类似于苏–27。飞机没有鸭翼，在所有三个通道中实现了真正的电传操纵。采取了最新型的KSU–35综合控制系统，可执行几个系统的功能，提高了歼击机的驾驶、机动性能。关于歼击机的结构特点，还应指出，飞机取消了传统的上减速板，其功能转移到方向舵上。随着起飞重量的增加，加强了起落架，前起落架改为双轮。制造机体时，采用了减小雷达反射面积的最新技术。

与前辈苏–27机族的重要区别是，苏–35采用了全新的动力装置，推力进一步增大。

另一个重要区别是，苏–35采用了全新的机载设备系统。主要是新型信息管理系统，保证将功能、逻辑、信息和程序联系集成为统一的系统，并保障良好的人机协同。信息管理系统包括两部中央数字计算机、信息交换和转化设备、显示系统。

苏–35火控系统的基础是新型"雪豹–EH"无源相控阵雷达，在目标探测距离方面，当今世界的机载雷达无出其右。

"雪豹–EH"雷达能够不间断探测和跟踪30个空中目标，并同时攻击其中的8个。系统能够保障以不同的地图分辨率在400千米距离内探测、选择和跟踪4个地面目标，与此同时还能保持对空间的监视能力。

其他的新型机载设备系统还有先进的导航和无线电通信设备，保障歼击机机群作战的系统以及高效的电子对抗系统。可以根据客户的需求确定具体构成和与其他干扰设备的配套方案。

为了携带各类常规、精确制导杀伤武器，使用 10 个外挂点。另外翼尖还有 2 个挂点，用于携带电子对抗吊舱。

这样一来，与世界同类战机相比，苏-35 具备优异的飞行技术性能，机载设备十分先进。性能完全碾压了美国、欧洲现役的第 4、4+ 代歼击机。

（二）S-400 "凯旋" 新型地空导弹系统

S-400 "凯旋"（美国、北约代号 - 萨姆 -21 "咆哮者"）是俄罗斯新一代中远程地空导弹系统。使命是消灭各类现代、未来的空天袭击兵器。2007 年 4 月 28 日，根据俄联邦政府决议正式列装。

系统能在 400 千米距离上毁伤气动目标、毁伤距离 60 千米、飞行速度达 4800 米/秒的战术导弹目标，包括巡航导弹，战略、战术航空兵飞机，弹道导弹弹头。搜索雷达的探测距离可达 600 千米。导弹可以毁伤高度仅为 5 米的超低空目标（做个对比：美国的 "爱国者" 无法毁伤高度低于 60 米的目标）。可以使用几种具备不同发射质量、距离的导弹，建立梯次防御。

俄军事专家指出："S-400 能在强烈电子干扰的条件下有效抗击现代空袭兵器的密集突击，在各种天气条件下成功遂行战斗任务"。

2015年11月26日，S-400防空导弹系统在俄罗斯位于叙利亚拉塔基亚的"赫梅米姆"基地正式展开，开始担负作战值班。此次，俄罗斯空天军使用安-124大型运输机从本土将整套S-400系统迅速运送至叙利亚战场，展现了很强的战略投送、快速部署能力。

二、老树新花

（一）苏-24"击剑手"前线轰炸机

众所周知，2015年11月24日，俄罗斯空天军一架苏-24在执行打击"伊斯兰国"恐怖组织任务时，被土耳其空军击落，引发了俄土之间一场严重的危机。

但俄军事专家指出，苏-24被击落，完全是猝不及防，毫无准备，没有料到土耳其会突然发动攻击，而且此次土耳其处心积虑，蓄谋已久，事先进行了精心设伏。

尽管苏-24是一种老旧机型，但技术并不落后。这是一种双发双座可变后掠翼前线轰炸机。飞行员、领航员的座椅"肩并肩"，两人共同操纵。携带两个容积达3000升的副油箱时，最大航程可达2850千米。机头配备可回收受油探头，具备空中受油能力。

先进的地形跟踪雷达可以保障飞机从低空进入规定地域，按规划航线飞行，自动返回己方机场，自动引导飞机开始降落，直至距地面高度40～50米。具备自动地形跟踪低空飞行能力。

2015 年 9 月 30 日起，俄罗斯空天军动用 12 架苏 –24M 打击"伊斯兰国"恐怖组织。

（二）图 –95"熊"、图 –160"白天鹅"、图 –22M3"逆火"战略轰炸机

此次参加叙利亚打击恐怖组织的行动中，俄罗斯空天军还使用了图 –95MS 和图 –160 战略轰炸机。经过深度改进后，上述战机配备了新型操纵、导航和瞄准系统。目前不仅可以使用 H–55 核导弹，而且可以发射其最新常规型号 H–555，以及投放其他精确制导炸弹、导弹。

H–555 空射巡航导弹的射程可达 2000 ～ 3000 千米。并可配备各类杀伤 – 爆破、侵彻战斗部、子母弹。不仅可以变换高度，而且可以进行地形跟踪飞行。不仅现役的各种防空导弹系统，即使美国正在研制的国家导弹防御系统也对其望尘莫及。既可以由导弹自身的光电导引头，也可以由"格罗纳斯"多通道卫星导航系统引导导弹精确攻击目标。

战略轰炸机可以发射该型导弹打击地球上的任何地点。不久前，俄罗斯飞行员向全世界展示了这一强悍能力。两架图 –160 从摩尔曼斯克州的奥列尼亚机场起飞，绕过挪威，飞过不列颠群岛附近的中立空域，在直布罗陀英国军事基地上空完成了空中加油，总共飞越了 9500 千米，从地中海上空对遥远的叙利亚境内"伊斯兰国"目标实施了准确的导弹突击。这充分体现了现代条件下空军远程奔袭的作战运用特点。

俄国防部提供的画面显示，图 –22M3 轰炸机在莫兹多克机场挂载了

OFAB-250-270 航空杀爆弹。一次就可以携带 69 枚该型炸弹。当然，也可以携带更重的 FAB-1500 航空爆破炸弹。对"伊斯兰国"目标实施了猛烈轰炸。夺取制空权后，经常让图 -22M3 进行临空轰炸，因为使用普通炸弹时，成本要低得多。

毫无疑问，俄轰炸机每次突击都是在展示肌肉。莫斯科向全世界表明：美国作为一个超级大国能够对地球上的任何地点使用精确制导武器进行密集突击，面对严峻的安全威胁，俄罗斯同样会给予坚决有力的还击。五角大楼的代表指出："俄军的突击准确命中了"伊斯兰国"领导机构的心脏，其资金赖以生存的石油设施也遭到了沉重打击"。

附件 4

为什么美国对叙利亚实施"战斧"巡航导弹打击时，
俄 S-400、300 防空反导系统无动于衷？

2017 年 4 月 7 日，美军对叙利亚沙伊拉特空军基地的巡航导弹打击引起世界媒体热议。大家现在普遍关心特朗普此次决策的政治军事意义，以及军事打击可能对国际局势造成哪些深远影响。

然而笔者认为，此次巡航导弹密集突击的军事技术角度同样值得重视与分析。为什么对沙伊拉特这样的战术航空兵机场却一次性发射了 59 枚BGM-109"战斧"海基巡航导弹？历史上美国海军对一个战术目标发射如此庞大数量的巡航导弹绝无仅有。

某些专家认为，美国此举是向叙利亚和俄罗斯炫耀武力。俄专家西夫科夫指出："在政治方面对叙利亚空军基地的打击，事先没有通报俄罗斯，视为对莫斯科的一种警告，有可能导致俄罗斯和美国在叙利亚地区发生直接的军事对抗。下一步美国将把附近地区的先进战舰增至 4 ～ 5 艘，可携带 100 ～ 150 枚巡航导弹。美军有能力消灭赫梅米姆空军基地所有防空装备及俄罗斯驻扎在该机场的航空兵"。

俄罗斯国防部确认，美海军两艘"伯克"级导弹驱逐舰（DDG-71"罗斯"号和DDG-78"波特"号）对叙利亚霍姆斯省沙伊拉特空军基地发射了59"战斧"巡航导弹，其中只有23枚命中目标（仅占39%）。尽管五角大楼否认了这一消息，坚称59枚导弹中命中了58枚（占98%），但俄罗斯军事专家普遍认为，此次美国对叙利亚空军基地的巡航导弹打击效能低下。

本文不评估"战斧"完成消灭沙伊拉特空军基地任务时的战斗效能，这需要下一步进行验证，我们讨论一下"美军是否有能力消灭赫梅米姆空军基地所有防空装备及俄罗斯驻扎在该机场上的航空兵？"

4月7日凌晨，由俄罗斯"铠甲"弹炮合一防空系统提供掩护、驻叙利亚赫梅米姆空军基地的S-400地空导弹营、驻塔尔图斯海军基地的S-300V4地空导弹连当时究竟在什么？美方称，对叙利亚发动打击前2个小时五角大楼向俄罗斯驻叙利亚集群通报了将要实施打击。对此问题，俄最高军政领导迄今为止没有做出任何解释，原则上这合乎逻辑。

但是可以推断：如果莫斯科没有定下拦截"战斧"的决心，俄驻叙利亚的防空装备不可能积极地展开抗击行动，但俄军却可以从这次导弹打击中获取梦寐以求的宝贵数据。

目前美海军武器库中有近3500枚"战斧"巡航导弹。主要型号是RGM/UGM-109E（Block 4），即美海军列装的第四代"战斧"。

此次美海军位于克里特岛以南海域的两艘驱逐舰发射了上述巡航导弹。根据"欧洲反导"计划，这两艘战舰部署在西班牙"罗塔"海军基地，属驻地中海第 6 舰队责任区。从导弹发射海域到叙利亚沙伊拉特海军基地近 1200 千米，"战斧"几乎在整个航段掠海飞行，仅有 75 ～ 80 千米在陆地上空飞行。

海基"战斧"巡航导弹采用复合制导方式。掠海飞行时，由于使用惯导系统，积累误差大约是每小时 800 米左右。越过海岸线之后，TERCOM（根据地形图搜索－对比导航）系统起动，根据飞越一定的航路点修正积累误差。同时惯导系统、TERCOM 系统与 GPS 飞行导航系统相结合，借助 GPS 系统输入目标精确坐标。GPS 系统可以直接修正惯导系统，许多情况下甚至不需要根据数字地图准备飞行任务。在攻击末段，搜索－对比导航系统对比目标地域的现实图像与发射前弹载计算机存储模块内的程序图像。

此次美国高层做出使用"战斧"的决策令许多人感到措手不及，飞行任务准备时间很短，加之导弹穿越海岸线后在陆地上空飞行的距离不远，可以推断：此次是借助 GPS 信号对惯导系统进行修正，向沙伊拉特空军基地的目标制导了这些巡航导弹。

显然，这些巡航导弹穿越海岸线后，为了飞向霍姆斯省的沙伊拉特空军基地，最佳航线是飞越沿叙利亚海岸呈窄带状分布的南部洼地。在濒海洼地和阿西河之间是平行于海岸的安萨里耶山脉，北起土耳其边境，南达黎巴嫩，宽约 65 千米，平均海拔高度 1200 米。在安萨里耶山脉南端与黎巴嫩山脉北端之间有著名的特里皮利亚－霍姆斯山口，如果不出意外，美海军所有的巡航导弹正是通过这一山口进入霍姆斯省领空，改航向后，杀向沙伊拉特空军基地（此前飞越了俄海军在塔尔图斯港的 720 物资技术保障基地，俄军的 S-300V4 地空导弹驻扎着那里）。

根据美国发布的视频，美海军"波特"号驱逐舰从位于舰艏、舰尾的 MK41 通用垂直发射装置发射了"战斧"。导弹发射间隔是 13～14 秒，在 250～300 米高度，固体燃料助推器脱离后，转入在海面上空约 100 米的巡航飞行。

由于目前缺少两艘驱逐舰同步发射"战斧"的数据，很难说同时在空中建立了密集的巡航导弹突击编队。但假如两艘驱逐舰实现了同步发射，就是说几乎同时有近 30 对"战斧"飞向沙伊拉特空军基地，从先头两枚导弹到末尾两枚导弹的时间间隔大约是 7 分钟。如果两艘驱逐舰依次发射，时间间隔大约是 14 分钟。这与俄罗斯国防部目前掌握的数据完全一致。当天俄国防部信息与传媒司司长科纳申科夫少将宣称，莫斯科时间 03：42 至 03：56，美海军对叙利亚发射了巡航导弹。显然，此时俄罗斯驻叙利亚海岸的防空部队不可能探测到从远在 1100 千米外的克里特岛附近海域发射了"战斧"。而且这种巡航导弹的有效反射面积仅有 0.1 平方米。但当"战斧"飞抵叙利亚海岸特里皮利亚－霍姆斯山口地域时，塔尔图斯港距此仅有约 20 千米，俄军 S-300V4 防空导弹的雷达应该可以探测到它们，并截获跟踪。

以往任何一次演习或靶场试验时，俄罗斯先进的防空分队都不可能探测到美国"战斧"巡航导弹如此密集的攻击，截获跟踪，确定其飞行参数，并获取这些空袭兵器的雷达反射特征。对俄罗斯空天军而言，之前类似的靶弹攻击态势仅仅是一种设想，只能在各种虚拟环境中模拟各种战斗场景。

而且"战斧"巡航导弹攻击时，美军在叙利亚海岸附近巡逻的最先进电子对抗飞机 EA-18G"咆哮者"一定会为之提供掩护，美军使用的其他电子对抗和电子压制设备也一定会参与其中。

事实上此次美军为俄罗斯防空集群上了一课："复杂电子干扰条件下俄罗斯的防空装备应如何抗击美军巡航导弹的密集突击"。美国为了讲好这一课自掏腰包 8900 万美元，这是美国媒体对 59 枚巡航导弹的估价。而俄罗斯国防部听取这宝贵的一课却分文未掏。

如果考虑到下列事实：这次打击期间，对于俄罗斯在叙利亚展开的"反介入/区域拒止"（A2/AD）战略保障装备，获得了实战条件下跟踪现实巡航导弹编队的宝贵经验，对于防空兵团部队下一步的战斗训练，以及改进雷达探测、电子对抗和防空反导导弹等装备，这些情报数据的价值将无法估量。

附件 5

第五代隐身战机苏-57会在叙利亚上空与F-22、F-35
首次实战对决吗?

一条新闻吸引了全世界军事爱好者的目光:俄罗斯空天军两架第五代隐身战机苏-57已飞抵叙利亚空军基地。这里会上演人类历史上第五代隐身战机俄罗斯的苏-57与美国F-22、F-35之间在实战条件下的首次对决吗?我们从理论上分析一下如果不期而遇,会出现何种情况?这是暂不考虑作战体系问题,只是理论上探讨一对一空战的情景。

苏-57的优势在于,超机动性明显优于F-22、F-35。一般来说,战机的机动性用下列指标表示:一是爬升率。F-35、F-22约为240米/秒。苏-57则是384米/秒。二是机翼水平面承受载荷。F-35是560千克/平方米。F-22是370千克/平方米;苏-57则是325千克/平方米。F-22配备推力矢量发动机,但喷口只能在垂直面偏转。而苏-57配备喷口可全向偏转的推力矢量发动机。显然,上述指标,苏-57全面占优。

许多美国空战专家认为,近距空战早已是昨日黄花。对于隐身战机,敌机的机载雷达无法及时发现它,可以从远距离发射远程"空-空"导弹，轻松将敌机击落。似乎一对一的近距决斗已无可能。然而，真实空战中，情况要复杂得多。首先，远程"空－空"导弹首次发射的命中概率并不是很高；其次，具备超机动性的先进战机可以躲过导弹的攻击；再次，双方高速接近的条件下，很可能进入近距格斗状态。上述战机的最大速度：F-35- 1930 千米/小时，F-22- 2400 千米/小时，苏 -57- 2600 千米/小时。

根据来自美国空军F-22基地的报道，美军飞行员训练如何与俄式战机进行空战早已是家常便饭。从理论和实践尽可能逼真地模拟俄罗斯歼击机的"习性"。当打到近距格斗阶段时，对美军飞机而言，结果往往是灾难性的，通常以F-22的失败告终，而且这种"灾难"一再重演。

先进的第五代战机有两个重要性能：一是隐身性，二是机载雷达的性能。关于先进战机有效反射面积的真实数据绝对保密，广告中宣称的数字可能与真实信息有很大出入。专家们对这一参数进行评估后认为，苏 -57 的有效反射面积处于F-22 和F-35 之间。

至于机载雷达。苏 -57 安装了先进的N036"松鼠"有源相控阵雷达，优于美国的AN/APG-77。"松鼠"替代了之前的N035"雪豹"机载无源相控阵雷达，性能大幅提升。由于"松鼠"的性能参数目前绝对保密，为了与美国的机载雷达进行对比，我们姑息使用"雪豹"的性能数据：对于有效反射面积为 1 平米的目标，发现距离是 300 千米，美国的机载雷达 -225 千米。对于有效反射面积为 0.01 平方米的目标，"雪豹"雷达的指标是 90 千米。美国的数据未知。

与F-22相比，苏-57还装备了在可见光和红外频谱工作的光电雷达，除了主机载雷达，还配备两部厘米波侧向雷达和两部分米波雷达，可以在二三百千米准确识别任何隐身目标。

苏-57远程"空-空"导弹的制导精度不是很高，然而远程导弹并不需要很高的精度，因为在末段自导引头会引导导弹攻击目标。而且"战导武器"集团专门为苏-57研制的"空-空"导弹射程相当远。KS-172导弹的最大射程可达400千米！这比美国AIM-120D（射程180千米）的两倍还多。

综上所述，假如F-22、F-35在叙利亚上空遇见苏-57，要当心了。

附件 6

"铠甲-S1"弹炮合一防空系统—— S-400 地空导弹
不可或缺的金牌保镖

世人皆知，俄罗斯空天军已将最先进的S-400"凯旋"防空反导系统部署在叙利亚反恐战场。但是，"寸有所长，尺有所短"。S-400 作为一种远程防空反导系统，自身也存在一些短板：如必须经一段时间展开后，才能抗击空中目标；行进间无法射击；转移阵地时，极易遭到敌人航空火力的突击。俄军认为，如果此时没有其他近程防空系统的贴身护卫，S-400 如同"裸奔"。远程防空导弹比较昂贵，数量有限，如果敌人派遣大量小雷达反射面积无人机对我进行侦察、突击，如何抗击？值不值得用远程导弹去抗击？另外，如何解决S-400 系统的地面防御问题？"千里马需配好鞍"，俄军工企业专门为S 400 量身打造了"铠甲-S1"弹炮合一近程防空系统，已成为其不可或缺的金牌贴身护卫。

"铠甲-S1"弹炮合一防空系统"麻雀虽小，五脏俱全"，仅一辆防空车，就配备三部雷达（包括一部被动式光电雷达），12 枚近程防空导弹和两门双联装 30 毫米高炮，可以"边飙车，边射击"。主要用于抗击敌前线航空兵、武装直升机、巡航导弹和无人机。高炮亦可平射，打击地面的轻装甲目标、有生力量。

北约赋予其代号SA-22"灰狗"，是俄罗斯图拉仪器设计局研制的自行式近程弹炮合一防空系统。用于对重要军事目标（包括S-400、S-300等远程地空导弹系统）提供近身掩护，免遭敌现代、未来空袭兵器的打击。也可用于掩护重要目标应对地面、水面威胁。

1994年研制成功，1995年在"莫斯科航空航天展"上首次向全世界进行了公开展示。此后，不断进行改进。2010年3月18日，俄联邦武装力量正式列装了量产型"铠甲"。设计局的代表称，未来"铠甲-S1"将完全取代廉颇老矣的"通古斯卡"弹炮合一防空系统。

"铠甲-S1"属于近程弹炮合一防空系统，由于采用先进的模块化设计，可以部署在履带、卡车底盘或拖车上，抑或固定部署。战勤班只有2～3人。使用自动高炮和红外导引头、无线电指令制导导弹进行防空。

系统具备优异的抗干扰性，可以在复杂的电子对抗环境下进行战斗。

"铠甲-S1"系统的突出特点是可以在无任何外部支援的情况下使用弹炮武器在多个通道对目标进行跟踪、拦截。杀伤区范围：低界-5米，高界-15千米，近界-200米，远界-20千米（据说未来改进后，可达70千米）。可以抗击速度小于1000米/秒的空中目标。系统的反应时间小于6秒。

"铠甲-S1"配备两门射程达4千米的双联装高炮和12枚防空导弹。装备三部雷达：即一部相控阵搜索和目标指示雷达，一部跟踪和制导雷达

（既跟踪目标，也跟踪系统发射的防空导弹），被动式光电雷达。搜索雷达可以立即搜索 20 个目标，向机载计算机发送目标的坐标和运动速度参数，并确定目标的类型和敌我属性。目前对 RCS 为 2 平方米的目标，探测距离可达 32 ~ 36 千米。目标、导弹跟踪相控阵雷达在很大程度上决定了系统具备高效能。使用这种雷达可以同时对 3 个目标进行射击，对于最危险的目标可以齐射 2 枚导弹。光电雷达用于射击低空目标、地面目标。

用于出口的简化、廉价版"铠甲 –S1"只有光电火控系统。

由于具备两种独立的制导手段 – 雷达和光电系统，可同时截获 4 个目标。截获的最大速度是 10 个目标 / 分钟。

"铠甲 –S1"最突出的特点是可以"边飙车，边射击"。这可使系统更有效地掩护行进中的装备纵队（如 S–400 装备纵队）免遭敌空袭。

"铠甲 –S1"可以下列几种状态进行战斗：

一是自主战斗。系统完全可以独立实施战斗工作：搜索目标，瞄准并制导导弹攻击已选择的空中目标。

二是集群战斗行动。6 辆防空车可以组成一个连。各车之间建立专门的编码通信。由其中任何一辆防空车担任连指挥所，自动分配目标，每个系统只负责抗击自己的目标，互不干扰，默契协同战斗。

三是在外部指挥所指挥下进行战斗（掩护 S–400 时通常使用这一状态）。这种情况下，防空车从指挥所获得目标指示，随后完成所有战斗工作阶段。

据已知的合同数据，出口供货时，一部"铠甲 –S1"的售价是 1300

万～ 1467 万美元。

一言以蔽之，为了有效对 S-400、S-300 远程防空导弹系统进行掩护，特别是当上述导弹转移阵地时，"铠甲 -S1"的作用非常突出，无可替代。叙利亚实战中，掩护 S-400 的"铠甲"已多次成功击落美国、以色列的无人机，俄军霸气放出豪言："欢迎再来！"好的猎人需要勇猛的猎犬相伴，否则面对群狼时会显得人单势孤，力不从心。同样，对于采购 S-400 导弹的国家，引进配套的"铠甲 -S1"迫在眉睫，必不可少。

附件 7

驾驶苏-35S战机在叙利亚战场上空感觉如何?

众所周知,俄罗斯空天军将最先进的苏-35S多用途歼击机投入叙利亚反恐前线。俄罗斯飞行员驾驶苏-35S翱翔在叙利亚上空,他们的亲身感受如何?不久前,俄《红星报》记者在叙利亚采访了一位苏-35S歼击机中队长。以下是他们的对话:

—— 听说,驾驶苏-35S时,飞行员最多能承受9个G的过载,这是真的吗? 9个G意味着什么? 此时飞行员感觉如何?

—— 执行战斗出动任务时,根本注意不到过载有多少。只有降落之后,通过客观检查设备(飞参)分析时,才知道有过多大的过载。如果要"科普"地解释一下,什么是过载……一个人处于平静的状态,承受的过载是1个G,一般人最多可以承受5个G。而我们,经过专门训练的飞行员,穿上抗荷服后,最多能承受9个G。对于常人,达到3-4G时,由于血液回流,会失去知觉。

—— 大过载时,可能出现前庭障碍。可以理解,飞行员穿着抗荷服。但是因人而异,感觉也各不相同。如何克服过载的不利影响?

—— 我们都经过专门训练，个个训练有素。如果谈到个人经验，可以说，强大的精神心理、体能素质帮了我的大忙。

—— 飞行员的职业充满风险。叙利亚反恐战场更是如此。您完成战斗飞行，不舍昼夜、任何气象条件下都要与这一复杂的技术装备打交道，有的时候，您就不想好好善待一下自己？

—— 瞧您说的！难道您暗示的是不久前电影中的一个桥段：一名经验丰富的战斗机飞行员突然丧失了自信，逃避战斗？即使不是"实战状态"，我也酷爱"极限"飞行—— 贴着地面飞超低空，在 17000 米的高度完成同温层飞行，进行各类试飞。例如更换发动机后，需要在空中飞一飞，检验一下各种状态。我乐此不疲。

您知道这样的飞行是什么感觉吗？真是溢于言表。正是这几分钟我才能真正感觉到生活的美好。我十分感谢团长对我们精心培养。我曾在国境线附近服役。经常会遇到来自邻国的不速之客。假如我们学艺不精，如何能无懈可击地应付复杂的情况？当然应付不了。当时我刚分到团里，担任中尉飞行员，职业培养计划完全要让我脱胎换骨。训练我们完成各类作战任务，如何在十分复杂的条件下完成飞行，时刻准备迎击敌人单个、甚至集群目标。

经常要在靶场完成轰炸，使用航炮攻击地面目标，发射航空火箭弹。我们还有幸参加了"航空飞镖"国际军事比赛。这里（叙利亚）我有幸很一次完成了夜间条件下的战斗出动，我甚至没感觉到这是一次特别、非同寻常的任务。感觉就和平时的训练一样……

—— 据说，你们只能打击上级司令部规定坐标的目标。但是飞行员有时被赋予所谓"自由游猎"任务。您可以独立决定对敌人的目标进行毁伤吗？

—— 作为歼击机，只有在被护航飞行器、被保护目标受到直接威胁、例如遭到攻击，或自己的飞机遭到攻击时，我才有权独立决定武器使用。

例如，我们在接近叙利亚边境的一定空域巡逻。遂行任务时，尽量不让别人发现。而我们的同行，在边境另一侧活动，如F-16，完成飞行时，不遵守任何伪装措施，—— 开启机上各种灯光，信标闪个不停。总之，灯光通明……我们要比他们低调得多。首先要保证己方的突击航空兵成功遂行战斗任务。

—— 您一个人驾驶如此复杂的航空系统（苏-35S是单座多用途歼击机）。负担是不是有点重？

—— 是的，我一个人驾驶，一切都取决于我一个人。但这并不会对完成战斗任务的质量产生任何消极影响。我们的设计师和工业部门已经将最先进的科技成果成功用于传奇的苏-27上。与自己的前辈相比，苏-35S更是有了长足的进步。机载计算机能够精确、可靠地工作，飞行员只需对武器使用做出决定即可。

—— 我似乎产生了这样一种印象：航空系统中起主要作用已经是计算机，不再是飞行员……

—— 如果这么说，就有点夸张了。比较公正的说法是：机载信息管理系统已经承担了大量任务。但是，无论在天空还是地面，飞行员的作用仍然无可替代，至少在科技水平发展的今天是这样。

——请您再稍微详细地给我们介绍一下您的座机吧⋯⋯

——苏-35S是一种先进的多用途超机动歼击机。最大程度接近于第五代战机。在同级别飞机中，无出其右。可以不分昼夜、在任何气象条件、复杂干扰态势下使用各类航空武器消灭空中之敌，对地面、海面目标实施精确突击。既可以作为歼击机在空中战斗，又可以作为小型预警机，发现远距离的目标。另外，还可以对地面、海面目标实施精确打击。即不仅可以用作对陆军行动进行支援的轰炸机，还可以作为强击机⋯⋯

此时，传来了战斗出动指令，我们在飞行员值班室进行的谈话被迫中断。几分钟后，这位飞行员驾驶的苏-35S紧急升空，前往叙利亚某空域执行作战任务⋯⋯

附件 8

俄罗斯在叙利亚开展军事行动四年：成绩、问题及前景

俄罗斯在叙利亚展开军事行动已 4 年有余，2015 年 9 月 30 日，俄罗斯正式宣布出兵叙利亚，现在回顾一下取得的成绩、存在的问题。我们已经不止一次提到：尽管得到了伊朗和"真主党"的鼎力支持，但毫不夸张地说，大马士革政权岌岌可危。恐怖分子匪帮疯狂围攻首都中心，"阿萨德制度"强大对手的情报部门负隅顽抗、协调行动，"武装反对派"分子数以万计。在国家东部（和邻国伊拉克），完全按照外部玩家的地缘政治计划，长出了恐怖主义伪"哈里发政权"的"癌瘤"。

一、叙伊边境成为以色列关注的焦点

四年过去了，局势有了根本性好转。除伊德利卜地域外，从武装分子手中解放了大量之前处于他们控制之下的城市、飞地。尽管"西方伙伴"展开了激烈的政治宣传对抗，2016 年末"北方首都"阿勒颇获得解放，仍具有重大的转折意义。"伊斯兰国"残余的"休眠势力"（特别是存在跨境补给线）仍然有可能死灰复燃，但其领土主体已经覆灭。军人和外交官

共同努力成功分化了曾经纠集在一起、支持恐怖主义的外部统一战线，使其遭受了一系列挫败（包括舍伊洪汗不久前死亡）。不止一次企图指责叙利亚军队和俄军犯下了"针对平民的罪行"纯属子虚乌有，形成鲜明对照的却是美国领导的"国际联盟"航空兵对叙利亚居民不加选择的狂轰滥炸。美国、北约、沙特和卡塔尔对叙利亚的军事扩张计划未能得逞，虽然特朗普只是口头表示，但已经宣布计划削减在叙利亚的军事存在。当然土耳其借口消除"库尔德威胁"计划在邻国北部扩大"缓冲地带"仍是一个严重问题，尽管安卡拉状况频出，但仍然是阿斯塔那谈判框架内的伙伴。

当然，过去的四年俄军损失也不小，然而要看到敌人武装到牙齿，丧心病狂（甚至使用化学武器），只不过暂时还没有核武器和某些重型装备。特战力量参加军事行动让怀疑主义者的恶意预测（曾断言冲突会不可避免地重蹈阿富汗的覆辙）不攻自破。某些邻国的行动，客观上有利于敌人，也带来了（遗憾的是，尽管定期举行高级别磋商，仍将带来）不少问题。例如，俄罗斯外长拉夫罗夫指出，以色列对叙利亚领土的攻击导致了该地区局势不稳："谈到以色列对叙利亚领土的肆意空中打击，我们从不隐瞒对类似行动的消极态度，这使得局势愈发不稳定，可能导致局势升级甚至失控"。

敌人实施战斗行动的"无人"技术不断升级，并企图攻击俄罗斯驻拉塔吉亚省的军事基地（赫梅米姆、塔尔图斯），火箭炮袭击的威胁也从未消除，因此，俄军迫切需要为飞机、直升机建设加固金属机堡，使用浇注混凝土建设长约三千米的新跑道。赫梅米姆是俄军现代化的空军基地、一级机场，能够接收各种型号的军民用飞行器——从直升机到重型运输机、导弹载机。目前叙利亚赫梅米姆空军基地部署了近 30 架飞机、直升机，包括先进的苏 -35 歼击机。俄罗斯空天军的战略轰炸机（图 -95MS、图 -160）也从本土莫兹多克等空军基地起飞，完成多次空中加油后，对敌人的阵地进行了导弹打击。从 10 月 15 日起，俄罗斯海军在叙利亚的驻泊点将开启面积达 2100 平方米的舰艇修理厂，用于"完成舰艇在塔尔图斯港的保障维修、技术维护、定检工作"。舰艇修理厂的主要任务是高效排除舰艇设备系统、机构的故障。远洋海区作战指挥部主管电气机械勤务的副司令员古辛称，即将投入使用的修理厂将使塔尔图斯港现有的工作效能增长 9 倍。

外国武装分子（当然是残余的）应该返回来源国，而当地人可以加入大马士革倡导的和解进程。10 月 4 日，"温和反对派"领导人在土耳其上雷 - 乌尔法宣告再次联合成立统一的"正规军"。"安那新闻"称，其队伍是来自作战地域以及伊德利卜"冲突逐渐平息地区"的"幼发拉底河之盾"和"橄榄枝"。恐怖组织头目暂时没有加入，他们与"温和派同伙"的联合袭击、破坏恐怖奔袭——很可能只是一个例外。

除伊德利卜外，叙军对马阿拉特 - 安 - 努曼和萨拉基普的进攻因政治原因（下一个"日期××"是 10 月 15 日）再次被遏制，而其余问题可称为庇护性问题：美军掩护匪徒们在阿特 - 坦夫的巢穴，企图沿幼发拉底河分裂这个国家。众所周知，由库尔德武装控制的该河东岸部分地区尚未从外部占领中获得解放。经过长期协商不久前在日内瓦宣布成立宪法委员会，却没有将"罗扎瓦"库尔德人纳入其中，这样一来，最大的少数民族将处于叙利亚未来的谈判之外。俄罗斯的外交努力旨在最大程度地考虑所有相关方的立场，然而实践表明，成功的可能性很小，特别是在外部非法军事存在的背景下。战争史上类似的例子不胜枚举：在谈判桌上获胜有时并不比在战场上轻松多少。

根据大马士革官方的版本，"叙利亚领导的"委员会与国际调解人（联合国秘书长叙利亚问题特使彼德森）将共同对现有的 2012 年宪法进行修订，或者拟制新的基本法草案。叙利亚外长穆阿列姆在联合国大会发言时强调，委员会将在没有任何预先设定的条件下工作，"不应受到某些条件或期限的限制"，对未来的建议应具有独立性。

通过具体的事例我们不止一次指出，持续进行的破坏-恐怖主义战争严重迟滞了国家经济恢复、民族和解、难民重返的进程，在边境地区尤为明显。除了俄罗斯和伊朗，中国、在阿盟框架内突破外部强加"统一"的许多阿拉伯国家也表达了对结束军事纷争的浓厚兴趣。俄罗斯外长强调，这在很大程度上取决于沙特的立场，"这一地区及区外许多国家听从沙特的声音"。

二、叙利亚、伊拉克之间的边境通道

俄罗斯在叙利亚开展的军事行动使"阿拉伯之春"的"黑风"戛然而止，令这一地区发生了翻天覆地的变化，为建立不仅是战术性、而且是长期的新联盟建立了土壤。更不要说，假如没有这些军事行动，不仅叙利亚，甚至地区其他国家也会步利比亚的后尘。相关报道称，俄罗斯、伊朗、叙利亚军队沿幼发拉底河西岸的代尔祖尔省举行了有巴勒斯坦部队参加的军事演习。似乎叙军向演习地域投送了预备役第 17 师，艾卜-克马尔边境通道开放后，此举用于加强与伊拉克接壤的阵地（混乱局势愈演愈烈）。以色列专家密切关注"亲伊朗代理人"的一举一动，一些人预测，以色列对叙利亚的再次空中打击已迫在眉睫。

海法大学、地中海东部哈得孙学院联合集团海洋安全报告称："尽管特朗普尚未要求俄罗斯从叙利亚撤出自己的力量，美国官方人士却对俄罗斯在地中海东部军事实力的增强忧心重重。"伊斯兰国"覆灭之际，假如现在能够成功迫使俄罗斯离开叙利亚，会更加符合美国的利益。美国当局的某些代表，尽管没有公开表示，却建议以色列对俄罗斯施加这种压力。他们指出，以色列应该减少与俄罗斯在叙利亚的合作，更应该关心，如何使俄罗斯的力量越来越难于在这里巩固"。不久前俄罗斯外长声称应该改变美国对叙利亚东北部的占领，上述演习正是对其声明的回应，具有很强的展示性，外界议论纷纷。拉夫罗夫称，外国存在的唯一合法基础是合法政权的邀请或联合国安理会的相应决议："伊朗是应大马士革的要求存在于叙利亚。美国则不同，因为实施非法的反叙利亚武力行动在全世界声名狼藉。今天，'伊斯兰国'在叙利亚的主力已经覆灭，美国继续在这片土地上保持存在的目的何在？越来越让人感觉到，华盛顿的任务是不允许叙利亚恢复领土统一，这直接违反了联合国安理会第 2254 号决议。"

我们认为，美国应该履行特朗普早在 2018 年 12 月许下的承诺：从叙利亚撤军。但同时俄美两国军人为了保证航空兵的飞行安全在叙利亚进行了不错的协同。制定了特别机制，出现危机局势时，提供援助，给机组明确了应该遵循的规则。因此，成功避免了给俄罗斯、美国军人安全构成威胁的事件。

补充一点，在代尔祖尔和马亚丁以南的"伊斯兰国"武装分子，得到了安巴尔省"同伙"的增援，仍然十分猖獗。在叙利亚、伊拉克和伊朗总参谋部协议框架内，叙军与盟友在上述地域继续展开联合反恐行动。

拉夫罗夫在"瓦尔代"国际辩论俱乐部会议上指出，早在 2004 年俄罗斯就提出了波斯湾集体安全构想，他宣称："……我们没有赋予这一地区任何消极因素，没有把任何自己的地缘政治企图带到这里，没有唆使地区一个国家反对另一个"。显然，当年和今天并非所有人同意其中的原则、方法（如拒绝外国军事基地部署在这一地区），此后事件的迅速发展直观地表明，需要对其进行务实、认真地讨论。然而现实的讨论未必会应者云集。

附件 9

俄军在叙利亚用鲜血换来的宝贵经验

自俄军对叙利亚恐怖分子发起首次打击之日起，已经过去了 4 年多。今天国际恐怖势力已经溃不成军。俄军在叙利亚军事行动中获得的经验今天已经广泛应用于诸军兵种的实践，包括各类大型军事演习，如"西方－2017""东方－2018"和集安组织框架内的系列演习。俄罗斯在叙利亚究竟积累了哪些宝贵的实战经验？

一、对各种力量实施集中统一指挥

俄军在叙利亚作战初期面临最棘手的问题是，如何实现亲叙利亚政府各个武装组织行动的协调一致。2015 年秋，俄军参谋人员建立了新的指挥体系，实现了叙利亚政府所有联盟力量的高效集成。

俄军事专家克努托夫指出："借助先进的指挥自动化系统和通信设备，一体化集群的建立成为可能。可使俄军对出现的威胁迅速做出反应，避免'友军火力误伤'，并点状精确使用航空兵"。

俄驻叙集群前司令德沃尔尼科夫上将在"新型战争的司令部"一文中

确认了上述原则。赫梅米姆空军基地的指挥所里，有来自各个武装组织的作战组，共同指挥对激进匪徒的打击。

尽管困难重重，俄军专家还是高效组织了苏赫尔准将的部队、"沙漠之鹰"志愿军、伊斯兰革命卫队民兵、叙军第5突击军、"真主党"分队之间的密切协同。

德沃尔尼科夫上将指出："实际上这是各类分散的非正规武装组织，却能在俄军集群司令的统一指挥下、按照统一的企图展开行动，他们获得了新的地位。现在已经可以称为一体化集群"。

俄军在叙利亚为各个武装组织划设了责任区。一般情况下，由不足5名军官组成的作战组负责协调各个战术方向。根据遂行任务的情况，作战组可以增至15～20人。

对指挥所的工作也进行了优化。防空兵代表、侦察打击行动、火力毁伤筹划专家加入了值班人员的行列。个别小组负责与西方国家、以色列、土耳其武装力量的协调。

德沃尔尼科夫上将确认，俄罗斯获得了宝贵经验，这在非正规作战集群各自为战的局部冲突中意义重大。统一指挥中心的出现，使得这些武装的作战效能成倍提高。

叙利亚战争中，许多俄军官兵获得了弥足珍贵的实战经验。据俄国防部统计，63000名官兵，包括434名将军参加了叙利亚领土上的作战行动。俄罗斯各大军区、合成集团军、空防集团军所有司令员，所有的师长、95%的合成旅、团长都曾在叙利亚和自己的参谋人员、部队并肩战斗过。

二、空天军不分昼夜、不间断打击

作战前,俄军向叙利亚投送了工程兵分队和混成航空兵联队。航空兵是俄军在叙利亚实施打击的主力,充分体现了"以空制地"的强大优势。先后动用了苏-25SM 强击机、苏-24M 前线轰炸机、苏-27、苏-30SM、苏-35 以及最新的苏-57 歼击机,图-22M3、图-95MS、图-160 战略导弹轰炸机,米-8、米-28N、米-24P 和卡-52 直升机。

混成航空兵联队不分昼夜浴血奋战。39000 架次中,20000 架次是在夜间完成的。作战的一定时段空天军的使用强度甚至达到了每昼夜 100 多个架次。

根据俄国防部信息与大众传媒司的数据,俄罗斯空天军摧毁了恐怖分子 121000 个目标,包括 649 辆坦克,731 辆步战车,8927 辆载有防空装备的汽车。消灭了 86000 多名恐怖分子,其中包括 830 名非法武装头目。

飞行员、地勤人员实行轮换部署,目前空军、陆航所有分队都获得了难能可贵的实战经验。87% 的战役战术航空兵机组、60% 的远程、战略航空兵机组、91% 的陆航机组参加了叙利亚作战。

击溃叙利亚恐怖分子,俄罗斯空天军居功至伟。由于俄军战机上安装了先进的机载设备,尤其是 SVP-24 "火神"瞄准导航系统,几乎使用的所有弹药都变成了精确制导武器。

克努托夫指出:"苏-25 强击机在阿富汗、北高加索身经百战,从一开始,就不存在问题。类似战争对它而言是家常便饭。而经常被称为'冷战'化石的苏–24，投入战场后，却暴露出许多问题。加装SVP–24瞄准导航系统后，证明这是一种名符其实的强大作战平台"。

叙利亚战争证明，局部冲突中，前线轰炸机战力强悍。苏–24M与苏–25并肩飞行，经常参加独联体空间集安组织消除恐怖主义威胁的军事演习。

"尤为重要的是，我们的空天军在叙利亚从不同来源获取情报，在实战条件下，演练了如何对武装分子的目标实施打击。飞行员们广泛采用所谓'自由游猎'战术。我们知道，在叙利亚掌握的技能在集安组织动用苏–25、苏–24的演习中得到了进一步巩固"。

三、地面战斗的新战术

叙利亚行动使俄军获得了在局部冲突中发起进攻行动的宝贵经验。例如，2016年年末解放阿勒颇的行动。当时采用了三个班次不分昼夜、不间断进攻的战术。航空兵只对防御圈外围的恐怖分子目标、集群进行打击，导弹兵、炮兵、编成中的战术火器打击城市内的目标。

山地、沙漠地形的战斗中同样积累了丰富的经验。配备俄罗斯军事顾问的叙利亚部队夺取并坚守制高点、山口，广泛采用了"迂回大队"战术。

沙漠中，进攻部队充分利用航空兵、炮兵对敌防御全纵深打击的效果。个别方向上，进攻边界上的工事时，动用了得到装甲板防护的推土机和其他道路工程机械。

这一战术由苏赫尔将军发明，俄罗斯称之为"叙利亚土堤"。精髓在于，使用沙子或泥土建立屏障，突击分队隐藏于其后。处于开阔地形发动进攻时，我方部队通常会遭受重大损失，但"土堤"使得敌人无法对进攻部队实施有效打击。在迅速建立工事的掩护下，坦克群透过障碍间隙向敌人开火。打击的主要目标是敌人的炮兵阵地。

2018 年 9-10 月，俄罗斯南部军区的兵团、包括驻克里米亚的陆军部队演练了"叙利亚土堤"这一战术的使用。对于俄罗斯，这一行动战术可以广泛用于国家南部辽阔的草原和开阔地形。

此外，近年来在俄罗斯南部、集安组织国家训练场的演习中，俄军开始更加积极地使用越野装备——配备机枪的轻便高通过性汽车、越野车。在叙利亚针对小股匪徒组织的特种行动、侦察行动中，这些机动式作战平台表现优异。

俄军在坑道、反坑道作战中同样积累了丰富的经验。恐怖分子利用地下通道在霍姆斯、阿勒颇、大马士革调动，隐蔽地接近叙利亚部队，埋设地雷，消灭政府控制的目标。

四、经验弥足珍贵

克努托夫确信，俄军掌握的新战术动作不仅可以用于防御自己的边界。"叙利亚土堤"、使用新型汽车装备的特种行动、实施武装斗争的其他方式方法完全可以用于中亚出现紧张局势的情况。

根据俄罗斯联邦安全总局提供的情报，2017 年以来，来自叙利亚、伊拉克的恐怖分子开始向阿富汗北部逃窜，从那里进入后苏联空间国家建立新的据点。这样一来，在俄罗斯"南部的腹下"可能爆发危险的局势，直接威及俄罗斯的国家安全。

克努托夫指出："我们完全可以粉碎恐怖分子在中东的巢穴，但是现在苟延残喘的圣战分子妄图在阿富汗同流合污。美国对此姑息养奸。局势迫使我军在战斗行动、包括打击伊斯兰激进分子的地面战斗中，必须掌握新的战术。令人遗憾的是，形势急转直下的情况并不能完全排除，但在叙利亚积累的宝贵经验将使我军高质量地做好实施新一轮反恐作战的准备"。

主要参考资料

［1］马建光等．叙利亚战争启示录［M］．武汉：长江文艺出版社，2017.

［2］李抒音等．俄罗斯军事基本情况［M］．北京：军事科学出版社，2016.

［3］方明，李抒音．美俄混和战争理论与实践［M］．北京：军事科学出版社，2015.

［4］李抒音，方明，肖铁峰．美俄混合战争理论简析［J］．外国军事学术，2017（5）：20-24.

［5］王继昌．俄罗斯在叙利亚军事行动的主要经验［J］．外国军事学术，2016（9）：31-33.

［6］姜永伟．普京"新面貌"军改十年成果与展望［J］．兵器，2019（2）．

［7］刘国祥，董英华，蔡香敏，刘占岭．世纪之交的俄联邦武装力量后勤［M］．北京：解放军出版社，2010.

［8］王景严，汪兵．俄军介入叙利亚后勤保障特点及启示［J］．后勤学术，2016（9）：19-22.

［9］宗合．俄罗斯出兵叙利亚武器装备运用总结报告［J］．兵工科技，2016（8）．

［10］李波，刘全展．俄罗斯"出手"叙利亚的基本情况及特点［J］.教学科研资料，2015（11）：17-22.

［11］张继业，郑清斌．探访俄罗斯驻叙利亚军事基地［J］.国防参考，2015（24）：42-45.